U0567993

大厂人才

互联网巨头人才管理像素级还原

娄珺◎著

Insight of Talent Management
of Internet Giants

中国人民大学出版社
· 北京 ·

图书在版编目（ＣＩＰ）数据

大厂人才：互联网巨头人才管理像素级还原 / 娄珺
著. -- 北京：中国人民大学出版社，2024.1
ISBN 978-7-300-32359-6

Ⅰ. ①大… Ⅱ. ①娄… Ⅲ. ①网络公司－企业管理－
人才管理－研究－中国 Ⅳ. ①F279.244.4

中国国家版本馆CIP数据核字(2023)第230741号

大厂人才：互联网巨头人才管理像素级还原

娄 珺 著

DACHANG RENCAI : HULIANWANG JUTOU RENCAI GUANLI XIANGSUJI HUANYUAN

出版发行	中国人民大学出版社			
社　　址	北京中关村大街31号		**邮政编码**	100080
电　　话	010-62511242（总编室）		010-62511770（质管部）	
	010-82501766（邮购部）		010-62514148（门市部）	
	010-62515195（发行公司）		010-62515275（盗版举报）	
网　　址	http://www.crup.com.cn			
经　　销	新华书店			
印　　刷	天津中印联印务有限公司			
开　　本	720 mm×1000 mm　1/16		**版　　次**	2024年1月第1版
印　　张	14.75　插页1		**印　　次**	2024年1月第1次印刷
字　　数	152 000		**定　　价**	69.00元

推荐序一

好内容从不追逐流量

这不是一部歌舞升平式的作品，它可能会颠覆人们在互联网红利时代沉淀下来的认知，甚至会让人焦虑、不舒服；对于我国组织与人力资源管理业界而言，这是一部具有里程碑意义的作品，因为它客观讲事实，冷静说道理，是人才管理在那个辉煌年代最好的"墓志铭"。

2023 年是后疫情时代的第一年，经济并未全面复苏，企业都在各自的赛道里挣扎。面对系统性的风险，哪个行业又能置身事外呢？对于以咨询、培训、顾问为服务形式的"商业内容行业"来说，亦是如此。我们发现，若干的咨询培训类企业都生存维艰，有的甚至黯然退场。

就连那些在互联网时代兴起的知识付费 IP 也遭遇了挑战。这一年，年度演讲或知识大课对听众的吸引力突然骤降，甚至出现了诸多质疑的声音：有人质疑这些观点一如既往的"灌鸡汤"；有人质疑这些观点事实错误、数据混乱、结论牵强；有人质疑这类商业模式是举着知识的大旗来"割韭菜"……

但对于知识付费 IP 的反噬，真的是因为上述原因吗？

上述质疑的种种，难道在过去的若干年都不存在，只是今年才跳出的？知识付费 IP 的商业模式，本来就是通过提供轻快知识，加上情怀文案，对 C 端（个人用户）大流量池进行浅层收费。过去，人家一直存在，今年只不过受众看他们不顺眼罢了。说白了，当一个人不爱你了，你的呼吸都是错的。

再说深一点，过去那些追捧知识付费 IP 年度演讲的企业家和高管们，哪个又真正是去"找答案"的？他们正沐浴红利，风头正劲，无非是想在商业世界的百花齐放中找到支持自己持续增长的概念罢了。刚好，知识 IP 们盛产概念，供需之间，天作之合。其实，他们想要听到的，从来不是事实的真相，而是对自己有利的证据。

但在经济"寒冬"中，这种平衡被打破了。企业本身就在纠结中生存，它们不再需要概念和鸡汤，它们需要的是答案。此时，知识 IP 抛出答案，而答案却漏洞百出，自然就会引起诸多不满。这不是谁的错，只是时代焦虑的映射罢了。

在人才管理领域也有诸多的知识付费内容。基于互联网红利时代的造神运动，互联网大厂的人才管理模式早已被奉为圭臬，价值观考核、OKR、去 KPI 化、用花名、弹性工作等"神器"引发了无数对标。本书作者娄珺女士本可以尝试去说说大家爱听的话，吹嘘互联网大厂在人才管理上的神奇之处，做做 to C 的轻快内容，但这显然不是她职业生涯的意义所在。作为一位咨询行业的资深从业者和咨询公司的合伙人，她不想做内容上的"易碎品"，而是想沉淀一些对于人才管理领域真正有价值的观点。这些观点未必顺耳，也未必有流量，但一定经得起时代的考验，不会随着流量的离开而"碎"掉。

几年前，穆胜咨询启动了一个关于人才管理的研究项目，娄珺女士作为项目的执行负责人，带领穆胜咨询研发团队的成员，完成了对若干互联网大厂人才管理模式的深度洞察。研究的结论是，互联网巨头企业在人才管理方面的绝大多数"创新"并不神奇，这些"创新"实际上是它们在获得巨大成功后被倒果为因、强行总结出来的；在人才管理方面，我国企业依然任重而道远。

而后，她也将她的主要观点发表在若干媒体上。这些观点得到了学商两界诸多专业人士的充分肯定，并且推动若干企业重新思考、纠偏自身的人才管理工作。这本《大厂人才：互联网巨头人才管理像素级还原》正是对这些研究成果进行的系统梳理，是娄珺女士对这一领域进行了深度观察和思考后瓜熟蒂落的成果。

我是一个在内容上很较真的人，有的时候甚至过于苛刻，但我必须强力推荐这部作品。我甚至认为，未来 10 年内，如果要选出国内人才管理领域的 10 部代表作，那么这本书必然在列。因为，它既记录了一个辉煌的时代，也用穿透力极强的观点警醒了那些还沉浸在过往红利中的"怀旧者"——应该放下自我陶醉，抬头看路，寻找人才管理的真正方向。

我相信，这本有十足诚意的匠心之作一定会得到有心之人的认可，并引领他们在人才管理上刺破泡沫，回归本真，创新突破。

穆　胜

知名管理学家

穆胜咨询创始人

北京大学光华管理学院工商管理博士后

2023 年 11 月

推荐序二

审视大厂人才观：人是工具，还是目的

拿到穆胜咨询合伙人娄珺女士的《大厂人才：互联网巨头人才管理像素级还原》这部书稿之后，我一口气读完。这是我非常感兴趣的话题，我为内容的扎实、有理有据以及作者的细致和苦口婆心所折服。

娄珺女士在书中界定的 2014—2020 年的大厂黄金年代，我恰巧身处其中（2015—2019 年，我在腾讯任职）。这些年来，我的身边有大量大厂的前同事、朋友，媒体的身份也让我有很多机会广泛接触各个大厂，可以说我一直都在观察大厂人才圈，关注大厂的人才管理、企业文化和组织能力。

仅从我个人的直观感受和近距离观察来看，我对大厂的人才管理充满了困惑和质疑。这些大厂在人才管理上，看起来有一套完备而先进的体系，也输出了不少热门的人才管理理念，但我看到的现实是：大量人才虽然被大厂的高薪吸引并进入大厂工作，但并未充分施展他们的才华，"大炮射蚊子"的人才与岗

位不匹配的情况并不少见；激励机制的失效与扭曲，使一些关键位置上明显不称职的人长期无法被调整优化，给团队带来巨大的伤害和损失；很多员工忙碌却不开心，大厂的高薪和光环虽然换来了表面的安全感，但没有给他们深层次的、真实的成就感和价值感；有些员工深谙大厂"生存"之道，划水、混日子、管理好直属领导，过得安稳舒适……其实，大厂的这些真实现状与其崛起之前职场里的若干怪象如出一辙，不同之处在于，过往的业绩和市值光环遮盖了这些问题。

以上只是我的个人感知和困惑，既缺乏全貌和真相，也没有经过严谨的研究而找到完美的答案。因此，这本书可以说详细地解答了我的困惑。娄珺女士完成了一件我一直希望有人去做的事。

我与穆胜博士是多年好友，我欣赏他的治学严谨和观点犀利。娄珺女士代表穆胜咨询推出的这本著作，显然延续了他们一贯的风格，因此我非常愿意向更多人推荐这本书。在读完这本书之后，我想分享一下浮现在我脑海中的三个关键词。

一是"清算"。关于科技大厂的人才管理，正如作者在前言中所说，这本书最大的贡献就是做了很好的"祛魅"。作者对几大互联网巨头这些年推崇的各种人才管理"神器"（如 OKR、花名等），做了细致深入的分析和解构。但是，我还想用"清算"一词来强调重新审视大厂人才观的必要性。

从之前几年业务高歌猛进时的"996 是福报""字节与心脏，只有一个能跳动""我们公司不是 to B，也不是 to C，而是 to Boss（讨好老板）"，到近两三年的降本增效、去肥增瘦、减脂增肌等，这些挂在大厂老板或者员工口头的流行口号，给我国的企业、职场输出了很多极其糟糕的、有倒退之嫌的人才管理理念，甚至让很多人将互联网这样一个人才密集型行业视为 35 岁就会失业的"青春饭"行业。我认为将这些人才管理理念做清算和切除，是大厂以及我国职场走向健康和良性发展的必要一步。希望这本书对大厂人才管理"神器"的祛魅，也能促进对人才管理相关"有毒"理念的清算。

二是"补课"。昔时红利，今日诅咒。过去十余年，互联网大厂因技术、产品、市场、经济的周期红利而取得了耀眼的市值和业绩，但在各种增长红利都消失殆尽之后，它们在内部管理——战略、组织、文化、人才管理等方面被掩盖的问题，以及欠下的功课，成为大厂为了应对新周期和下一轮竞争而必须补上的一课。这本书中关于华为公司的案例就印证了这一点。

内部管理能力是企业长期竞争力的来源，需要极其耐心、谦逊地积累和锻造，这是十几、二十余岁的互联网大厂在过去没有来得及或者没有意识到要去完成的功课。期待新周期、新的竞争考验以及这本书的点醒和启发，能让这些具备科技优势、产品直觉、商业模式创新能力的互联网大厂，从现在开始认真、踏实、科学、有效地补足管理内功，在战略、组织、人才等这些决定企业长期发展的核心要素上，真正比肩硅谷的公司以及其他传统行业的优秀领军企业。否则，有些大厂也许只能大起大落、昙花一现，或者从此流于平庸的命运。

三是"超越"。如果说这本书对我而言还有什么未满足的期待，那就是我希望这本书能启发科技大厂和我国商业界，在科技大爆发的年代，去深度思考科技与人的关系，去深入探究人才管理的底层理念。驱动科技创新、技术应用、未来竞争的第一要素还是人才，人才是未来一切发展与竞争的第一推动力，人（用户和员工）也应该是一切创新、发展、竞争的目的而不是工具。

我国的互联网大厂已经站在新一轮激烈竞争的起跑线上，只理解数据、算法、模型和用户某个层面的需求的企业，都不足以成为下一代科技巨头和领军企业。只有那些真正回归到人，回归到人的发展以及价值感、成就感、幸福感的获得，并以此来构建产品、业务、组织和人才等结构的企业，才能在未来占据一席之地。

这本书虽然是对互联网大厂人才管理的一次祛魅与清算，但我更期待它对我国互联网企业未来星辰大海的伟大征途有所贡献。

最后，我想再次赞扬穆胜咨询与本书作者娄珺的工作，他们的理性、扎实、坚持说真话而不是只说漂亮话的研究与创作态度，是我国商业界的专业服务公司非常欠缺和需要的精神。期待有更多这样的作者和作品涌现。

程明霞

《哈佛商业评论》中文版执行主编

2023 年 11 月

前 言

新物种崛起，进化还是倒退

随着互联网商业趋势的兴起，一批战略眼光独到的企业家迅速在各大赛道布局，活力十足的创业公司拔地而起，这些公司后来成长为盈利丰厚、规模惊人、社会影响巨大的互联网巨头企业。耀眼的业绩让它们成了聚光灯下最闪耀的明星，公众不仅讨论它们独特的商业模式，为它们冠以"新物种"之名，而且开始关注它们"独特"的组织与人才管理模式。

在"组织设计"和"人才管理"两个命题上，这些互联网巨头企业并没给前者创造太多的施展空间，"项目制"和"中台建设"是我们听到最多的话题。相对于组织设计，巨头们显然更重视人才管理。

- 马化腾除了是腾讯公司的创始人和董事会主席，还是公司人力资源管理执行委员会的负责人，从这一点可以看出他对内部人才管理的重视。

- 美团创始人兼首席执行官王兴曾表示，人作为美团的核心资产，持续培养更多的优秀人才是美团核心的竞争力。他给美团管理层的每位成员都送了一本拉姆·查兰（Ram Charan）所著的《领导梯队：全面打造领导力驱动型公司》，并要求在未来十年，美团要让新一批的各层级领导者成长起来，这是美团未来竞争力的重要来源。

- 2013 年，京东开始启动人才盘点项目。刘强东曾在其自传中写道，如果有一天京东失败了，不是市场的原因，不是对手的原因，也不是投资人的原因，一定是团队出了问题。不可否认，公司管理最核心的就是管人。

毫无疑问，重视人才管理是非常有必要的，却很容易误入歧途。相当一部分互联网企业家认为，既然能享受赛道的红利，那么只要有合适的人才配给，业绩自然就能得到保证。于是，这些巨头企业开始在人才管理上发力，并孜孜不倦地抛出新概念，而每一个新概念自然会吸引可观的"流量"。

巨头们似乎深谙流量的好处，价值观考核、目标与关键成果法（objectives and key results，OKR）、去 KPI 化、用花名、上班不打卡等都是它们制造的"潮流"。这些"潮流"被包装为人才管理的秘密武器，自然引发了诸多"追星者"的效仿，市场上甚至还出现了大量输出互联网巨头企业人才管理模式的咨询和培训机构，这些机构也被热捧上天。

最让我唏嘘的是，在某次高端管理论坛上，某高校的一位老教授正在讲述他的观点，后排的某位年轻人却与同行议论道："他的观点太老了，我们互联网企业根本不会像他说的那么搞……"在我的印象中，2014 年至 2020 年间，任何一个大型论坛，如果能请到顶流互联网公司中稍微有点职级的人，其热度都会上升几分。

有明星，有追星者，有媒体话题，有盈利，这似乎成就了一个好的有点不真实的良辰美景。但前提是，互联网商业世界的红利能够一直持续。

2020 年，新冠疫情袭来，互联网行业不可避免地受到了冲击。

2021 年 4 月至 7 月，国家针对互联网行业的反垄断和其他规制一波接一波出台。这些政策对互联网行业中一些粗放发展的企业进行了收口，进一步压缩了这些企业的生存空间。信息安全、垄断嫌疑、算法逻辑、工作伦理（如"996 是福报"等言论）等都或多或少地让它们受到了质疑，束缚了它们原来的高举高打。

从 2015 年开始，春节联欢晚会成了互联网巨头企业这些兵家的必争之地。这一年，微信冠名赞助春晚，通过发红包这种互动形式，在短短两天时间内实现了 2 亿张个人银行卡与微信支付的绑定。而为了达成这一数字，支付宝花了 10 年时间。此后，春晚的红包大战拉开序幕。阿里、百度、快手、抖音、京东等企业陆续成为春晚的互动合作企业，开始参与发红包的游戏，而那些非春晚赞助商的互联网巨头企业也都会在其 App 内上线红包活动，在春节期间争抢流量。可是，2023 年的春晚没有了互联网企业冠名商，就连抢红包活动也消失了；联合赞助商变成了清一色的白酒品牌。在各大互联网企业的平台上，红包金额也创下了历史新低。除了快手依然将"分 20 亿元"搬上图标，其他企业都低调了不少。

同一时期，一向豪放、以人为本的互联网巨头企业频繁喊出了降本增效、去肥增瘦等口号，甚至真刀真枪地大量裁员。这不禁让人错愕：巨头还需要提效？有这么厉害的人才管理模式，还需要裁员？

那些引领潮流的巨头一方面忙着灭火，另一方面也开始逐渐放弃或虚化它们曾经一度推崇的"杀招"，开始在人才管理上低调起来。至少，我们没有在媒体上看到太多的新词和新概念了。

让我们回过头来看看那些效仿互联网巨头企业人才管理模式的"追星企

业"，它们也并没有在人才管理方面取得进步，反而陷入了更深的迷惘：期待 OKR 激发员工活力的，发现自己做不好 KPI，也做不好 OKR；期待用价值观考核打造出铁军的，发现价值观根本考核不出分离度，一度被架空；期待用叫花名来去官僚化的，发现领导们的花名都有了"金光"；有好几位积极拥抱互联网思维的小型民企老板听了去 KPI 宣言后也迅速跟进，但第二年很快又用回了 KPI。

一位年营收 10 亿元左右的老板对我感叹："风风火火折腾了好几次，最后都是一地鸡毛。我不能说人家巨头的模式有问题，人家要是有问题还能做那么大吗？还是反思自己吧。如果把这些时间和金钱都用在踏踏实实地管理人才上，那是不是更合理呢？"

喧嚣终于趋于平静，是时候反思一下互联网巨头企业制造的这些管理潮流了。我在想，有没有一种可能：大多互联网巨头企业并没有在人才管理上创造出新物种，它们在人才管理上的成功仅仅是因为钱多？这个假设可谓大胆，甚至是有些冒犯，但结合我的初步观察，这不失为一个合情合理的猜测。

在"钱多"的前提下，互联网巨头企业可以用粗放的方式来解决人才管理问题。例如，用两三倍的薪酬暴力挖人；用钱买员工的时间，推动 996、大小周工作制；用破坏薪酬体系的特批加薪方式解决员工晋升不畅的问题；分拆几个团队做同一个赛道上的项目，而且给每个团队极高的增长目标，用"斗兽场"一样的方式牺牲大量团队和人才，换取赛道上的成功……

这些操作完全符合互联网巨头企业和资本的诉求，并且带来了所谓的稳定增长，但也会造成一系列更大的组织问题。例如，如果企业不能精确甄别员工的能力和业绩，总是用钱解决问题，规则就会一次次地被无视，企业必然走入更深的官僚和低效，所谓的价值观也会一次次地被侵蚀和破坏；正是因为无法衡量员工的业绩贡献，企业才会用钱买员工的时间，以确保员工足够投入，但买来的时间就一定会转化为业绩吗？并不是，摸鱼划水的大有人在。

出现这些局面实际上是双输：企业认为自己有钱，拿钱买员工的时间；员工默认了出让自己的时间可以赚钱，被工作拴住了。但企业真正需要的是员工的时间吗？员工又真的心甘情愿被工作拴住吗？对有追求的企业而言，这会导致管理崩塌，人效越来越低，陷入恶性循环；对有才华的员工而言，这可能会让他们感到压抑。可怕的是，上述假设似乎穿越了互联网巨头企业的辉煌和沉寂，实现了完整的逻辑闭环。

我认为，以互联网巨头企业作为样本来研究人才管理的变迁，无论对于互联网行业还是人才管理专业人士，都意义非凡。但是，我们显然不能用个案的碎片来组合出结论，我们需要深度的调研。

2021年末，在穆胜咨询创始人穆胜博士的支持下，我带领穆胜咨询研究团队的部分成员成立了项目小组，开始实施一个名为"互联网巨头企业人才管理回顾"的项目。我们收集了能找到的关于研究对象的书籍、文章等，更是对近百名互联网巨头企业的员工或前员工进行了访谈，甚至还为重要问题发起了问卷调查活动。我们坚信，所有的信息必须在进行交叉验证且不同信源指向同一信息后才能被采信。

有了可信的信息，我才敢落笔成文。写作期间，我也尝试将部分研究成果提前在"穆胜咨询"的微信公众号上发布，收到了诸多积极的反馈，这更激励了我们推动该项目的决心。截至2023年4月底，我们最后一个模块的研究工作正式结束，本书也瓜熟蒂落。

本书从两个方面对主题进行了研究：一是以互联网巨头企业推动的六大人才管理潮流为样本，验证它们使用的"神器"是否真的很神奇；二是以四家互联网一线巨头企业和华为公司完整的人才管理体系为样本，探究其本质，验证其是否自成一派，是否有借鉴意义。我们力图以科学严谨的方式进行研究，所有结论的导出都基于对假设和证据的验证，相信会让关注这一主题的读者获益良多。

我的基本结论是：互联网巨头企业推崇的"神器"并不神奇，这些"神器"在功能和效果上有夸大之嫌，盲目学习会掉入陷阱；但这些企业的人才管理体系风格迥异，这些体系并不是开宗立派，也并不适用于所有企业，应被视为基于创始人的理念、适应企业业务需求的一种阶段性方案，条件适宜的企业可以局部学习。

是时候为互联网新物种的人才管理祛魅了。"祛魅"一词源于社会学家马克斯·韦伯（Max Weber）提出的"世界的祛魅"，意思是一贯被信奉或追捧某种事物，受到新的认知冲击后褪下光环而回归本质。我希望，我国的企业能够停止对于互联网巨头企业的"饭圈式崇拜"，将它们的人才管理经验作为样本来进行批判式学习，做得好的可以大胆引入；做得不好的也别盲目对标，让自己掉进坑里。

当然，我相信我的结论也可能会受到挑战，但请允许我将这些观点表达出来，毕竟，精彩的世界不应该只有一种声音。

Insight of
Talent Management of
Internet Giants

目 录

上篇 "神器"

下篇 巨头

上篇

"神器"

我们在本书的上篇（共七章）分析了互联网巨头企业推崇的六大"神器"，即价值观考核、OKR、去 KPI 化、叫"花名"、弹性工作、人才盘点，介绍了每种"神器"的兴起背景、方法逻辑、实施效果和成败背后的深层原因。

企业开发这些"神器"的初衷都是为了打造更健康、更有活力和创造力的组织环境，帮助人才迅速成长，并获得激励反馈。但这些"神器"在使用过程中往往难以发挥外宣中所谓的神奇效果，也并没有在人才管理上起到相应的作用。

制约这些"神器"发挥作用的原因有很多，如其本身的逻辑问题、企业自身管理基础薄弱或忽略了管理环境的复杂性等。从企业角度来看，这些"神器"未能发挥作用的相似之处在于，它们很快地被引入企业，承担了与其功能不匹配的巨大责任，并且还被推到了聚光灯下。在管理上，一旦我们对某种工具预期过高，而它实际功能有限或者失去了迭代的空间，结果就必然是悲剧。

我们不禁要问，这是谁的问题？"链路""抓手""体感""底层逻辑"真的对所有企业有用吗？

第 1 章

摒弃"神器"，重回人才管理正途

在人才管理的历史上，从来没有一个时间段像 2014 年至 2020 年一样繁荣。那几年是互联网巨头企业风生水起的黄金时期，商业模式的变化带来了组织与人才管理模式的变化：出现了诸多颠覆传统的人才管理实践，这些实践让人不由地质疑传统和经典，甚至开始对人才管理这个学科表现出怀疑态度；"颠覆""重新定义""创新"等词语频繁出现在人力资源类书籍和文章的标题中；但凡有互联网巨头企业的专业人士在公众场合发表演讲，都会有叫好声、惊叹声一片，观众无不以艳羡之色感叹"看看人家这玩法"……但这种变化真的是好事吗？

一家成立时间不到 10 年的企业，刚好找到了一个别人都没有发现或重视的管理"神器"，用它打造出了一支无比强大的人才队伍，而后畅行无阻、独步天下。这就好比一个少年掉进了一个山洞，刚好捡到了一本武林秘籍，修炼短短十几天就神功大成，在武林大杀四方，笑傲江湖。这种概率也太小了吧？

"神器"满天飞

毫无疑问，管理工具的创新必须来自实践。纵观中外企业的发展史，企业都是经历了痛苦的探索才敢对外输出其管理理念或工具。远的不说，近的如海尔、华为两家企业，基本都是从 1998 年前后开始正式的管理升级。它们都是从外部引入多家咨询公司、在内部进行多次管理变革，并经历了多次挫折后才形成了自成一派的管理风格，有了一些能够被外界引用的管理工具。

之所以出现"神器"满天飞的现象有以下几个原因。

一是企业老板"浪漫思想"的牵引。我们在为企业提供辅导的过程中，经常会经历老板对 HR 部门进行"军训"的场景：老板提出对于 HR 工作的要求，类似"选出好用的人""公平、公正地评价员工创造的价值""让员工创造的价值与激励相联系""为过程喝彩，为结果买单""我只要结果"等要求都被频繁提及。

也常有 HR 从业者神秘地对我说："我们老板对于 HR 工作有自己很独特的想法。"真的很独特吗？事实上，这些"想法"就是 HR 工作的内容，并不独特。但正因为 HR 们并没有运用工具解决某些问题，这些工作内容就变成了老板独特的想法，于是他们只能绞尽脑汁，短时间内进行应急式创新，以便交付成果。

一边是 HR 应急交作业，另一边是老板不考虑问题的复杂性，急于找到工具来使自己的理念快速落地，寄希望于日后快速迭代，结果可想而知。本篇中提到的不少"神器"的刚性应用就是这种应急式创新的结果。

二是互联网巨头的外宣需求。无论如何，"神器"都带来了巨大的流量，而且帮助企业树立了正面形象。这让互联网巨头们对于这种形式的外宣乐此不疲。一时间，大量的游学、参访、演讲等邀约蜂拥而至，互联网巨头们也乐于配合，有些互联网人还喜欢说一句："外界经常谈论我们，但他们谈论的其实并不是真正的我们。"如此一来，半推半就之间就打造出了神秘感。

在这个时代，流量代表利益，但流量也是贪婪的。人们需要更多的内容，如果没有新的内容，流量就会被其他人引走。利用"神器"等去追逐流量就意味着必须要不断生成新概念和新护体，无论怎么看，这都不应该是一条踏实做管理的正途。

三是企业界寻找"特效药"的短期心理。互联网和数字化时代，商业环境急速变化，企业既看到了巨大的机会，也感受到了巨大的危机。在这种商业环境中，企业可能很难坚持长期主义，并做出相应的商业决策。很多企业选择找到一个好赛道快上大干，确立自己的江湖地位，而在如何建设组织方面，总想找到立竿见影的"特效药"。

于是，若干由互联网巨头企业业绩加持的"神器"被推到聚光灯下，并被若干商业机构包装出售，偏偏买单者还络绎不绝。例如，当某机构的销售人员告诉你"字节跳动之所以厉害，就是因为使用了 OKR"时，没仔细研究过这家公司和 OKR 的人可能会乖乖买单。而在这些买单者中，很少有人会在决定对标一家企业之前仔细分析其管理逻辑。他们往往在听到了一些自己想听到的标签后，就用这些标签构建起一个预期，再让下属无条件去实现这些预期。这种信息不对称必然导致"特效药"会继续流行。

在这个信息爆炸的时代，因信息获取习惯不同而形成的信息不对称将持续存在。例如，我们只要简单收集网络信息并进行交叉验证，基本就可以还原一家企业的人才管理方法，但即使我们在书中把信息和结论写得一清二楚，绝大部分人依然喜欢看小视频。这种信息不对称会让无数企业因互联网巨头企业贩卖的"特效药"而迷失。

显然，只要互联网和数字化时代的红利依然存在（即使不多），只要互联网公司依然强大，这种饭圈式的学习对标就不可能消失。

人才管理的春天到了吗

回归人才管理领域，人才管理应不应该有创新呢？

应该！这是不需要犹豫的答案。

商业环境在变化，商业模式在变化，组织模式在变化，"90后""00后"初入职场……人才管理必然应该有变化。如果我们依然因循守旧，照搬过去的管理方式，那么效果必然让人尴尬。

而从人才管理本身来看，其涉及了企业在全生命周期中关于人才的各项工作，包括引入、识别、培养、使用、再造、激励等。即使在传统的工业经济时代，大多数企业在进行人才管理时也并没有发挥出应有的作用，创新的空间极大。

人才管理本身的空间加上时代的变迁，让这个领域充满了无限可能。能不能让员工基于个人能力而非岗位边界来定义自己的工作？能不能让员工基于自己无边界工作的贡献来获取酬劳？能不能基于员工工作场景的需要，定向推送攻略级的方法论？曾几何时，这些都是我们非常大胆的想法，但如今，在互联网和数字化技术的加持下，这些想法似乎可能成真。

试想，当业务流程完全实现了数字化，我们是否可以将工作任务化、派单化？而员工完成的工作是否也会自动形成记录，工作贡献是否可以一目了然？

即使复杂工作不可能实现任务化、派单化，我们也可以使用类似"分边公式"[1]等工具大概计算出合作者们的贡献。

但是，在人才管理实现这类创新之前，还有一个巨大的鸿沟——制度设计。

穆胜博士认为，数据化是数字化的基建，标准化又是数据化的基建。要实现数字化的人才管理，必然要将人才管理方法进行标准化。这种标准化并不是对现有人才管理模式的编码，而是要突破现有人才管理模式的桎梏，寻找新的制度设计空间。

例如，如果我们都认为现有的 KPI 考核模式无法真实衡量员工为企业带来的价值，让他们远离了经营，那么我们能不能设计一种能真实衡量的工具呢？现在不少企业都在谈让员工进行项目式协作、划小经营单元，希望以更直接的项目奖金来替代绩效工资，但有多少企业真正去钻研过这其中的奥义呢？

以华为经典的营销铁三角模式为例。三个角色（即一位客户经理、一位解决方案经理和一位交付经理）组成销售小组，分别负责客户关系、技术和交付，通过拿订单来分享企业的收益。这种模式让员工团战，又让他们在项目中通过分成获得利益，听起来吸引力十足。于是，不少企业都尝试去模仿，一直在使用所谓的三三制。但有没有人认真想过，项目难度不同，团队达成的目标也不同，难道都是相同的分成比例？项目是不同属性的，有的是深关系，有的是重产品，难道每个角色都是相同的分成比例？

我们所看到的现状是，很难有盈利丰厚的互联网大企业愿意俯下身段，进行制度设计创新。其中的原因不言自明。

一个工具从"工具"变成"神器"一定不是速成的。举个例子。2021 年，

---

[1] 穆胜博士提出的概念，用于计算协作者对于协作成果的分享比例。

穆胜咨询为华住集团实施组织升级项目，期间我们对若干位中高管进行了访谈。一位中层管理人员当时感叹：

> 公司在最初成立那几年发展得很快，那时老板突然迷上了平衡计分卡（balanced score card，BSC），不仅自己跑到哈佛大学学习了一段时间，回来后还大张旗鼓地推行使用这个工具。最开始，我们都觉得老板"疯"了，有点不务正业。但过了三年，我们突然明白了他的良苦用心。他非常有前瞻性，是我们自己格局小了。一家大型企业如果没有管理工具的加持，就难有持续的快速发展。

平衡计分卡诞生于 20 世纪 90 年代，曾被媒体誉为"20 世纪最伟大的管理工具"。经历若干次迭代后，现在我们依然能发现其实用价值。这才是"神器"。

迎接新风景

在人才管理方面"虚招"很多的企业，大部分都是耐不住寂寞，不愿意在打磨管理方法上投入的企业。"虚招"无法解决企业的根本问题，过多的"虚招"只会让企业越走越飘，越来越远离人才管理的正途。

穆胜博士说："真正的好管理，不会来自离钱特别近的企业。"当经济增速放缓，互联网红利开始消失，大多数企业都不那么容易赚到钱时，这反而是它们开始调整人才管理方式的好机会。虽然这种调整在短期内是被迫的，但在长期内却能为企业注入持续增长的活力。

我国的互联网巨头企业已经创造了商业史上的若干奇迹，它们不仅获得了商业上的成功，促进了经济的增长，还让人们的生活越来越便捷。从这个意义上说，它们绝对值得尊重和学习。但我们更希望，这些巨头企业能够在人才管理这个更需要坚持长期主义的领域里深耕，引领我国企业走内生增长之路。能力越强，责任越大，在聚光灯下的巨头们应该有担当。我们也相信，依托各种利好，其他企业只要能用心在人才管理领域沉淀、实践和有所突破，就必然能找到真正属于自己的且有用的人才管理"神器"。

第 2 章

价值观考核：认认真真走过场

互联网巨头企业都对价值观有着超乎寻常的热情。在风口中起飞的它们，力图将自己成功的公式简单化，简单化到极致，就只剩下抓价值观。甚至有很多人认为，事不成是因为人不行，能力可以培养，但价值观必须靠谱。

刘强东说："在京东，价值观是我们的生命线和高压线。我们做任何决定都要看是否违背公司价值观。"他甚至强调价值观比能力重要。

张一鸣在一次接受采访时说，组织和文化是他最关心的事。他竭尽所能地用一种透明的价值观来塑造字节跳动的组织，并强调要将正确的价值观融入产品。

马化腾在腾讯 2020 年发布的年度特刊《三观》里强调："在我们的价值观里，正直是最基本的……对正直的坚持吸引了一批秉持同样价值观的同路人，也都助我们自省、反思与向善，这是腾讯一路走来的基石。"

············

事实上，大多数企业出于外宣的需要都会强调其价值观。但宣传是一回事，将价值观用于管理却是另一回事。在这个方向上，如果要找一个互联网巨头企业的代表，那非阿里莫属。

自 1999 年成立至今，马云在内部会议和讲话中曾多次强调价值观，并称价值观是阿里的立身之本，是整个大厦的水泥。而阿里在价值观建设上也的确有大量的投入，从"独孤九剑"到"六脉神剑"，再到"新六脉神剑"，阿里不仅反复锤炼价值观，更是不断尝试基于价值观进行精细考核。但近年来发生的事件（如月饼门①、代考门②等）使曾经备受推崇的价值观开始遭到外界的质疑。

基于个案探究某家企业宣传的价值观毫无意义，我们不妨将问题聚焦在价值观考核有没有真正进行起来，这将很好地回答"抓价值观有没有用"的问题，因为没有考核的约束，可能就不会有行动的执行。

脚踏实地的价值观迭代

迄今为止，阿里的价值观迭代了三个版本（如表 2–1 所示），迭代过程紧紧围绕战略与组织架构的变迁，准确地反映了使命与愿景的指向（如图 2–1 所示）。

---

① 阿里巴巴月饼门：2016 年在阿里内部开展的中秋抢月饼活动中，四名程序员使用脚本多刷了 124 盒月饼。根据内部决定，为了维护企业文化，阿里巴巴决定将这四名员工开除。

② 阿里巴巴代考门事件：2020 年，阿里员工实名举报钉钉 P9 级资深专家找下属代其考试，其直属上级钉钉 CEO 陈航在内网上将这件事判定为员工手册中的二类违规行为，惩罚措施是扣除这位 P9 级专家当年的股票和年终奖。由于处罚过轻，缺乏公平公正，因此引起员工的不满。阿里合伙人召集相关人员举办圆桌会议，阿里内网同时直播，同步观看人数超 30 000，最终维持原来的处罚：不开除代考者，只扣奖金。

表 2–1 阿里的使命、愿景和价值观的变迁

类型	"独孤九剑" （2001—2004 年）	"六脉神剑" （2004—2019 年）	"新六脉神剑" （2019 年至今）
使命	让天下没有难做的生意	让天下没有难做的生意	让天下没有难做的生意
愿景	做一家 80 年的公司；成为世界十大网站之一；只要是商人就一定用阿里巴巴	成为一家持续发展 102 年的公司	成为一家活 102 年的好公司；到 2036 年，服务 20 亿消费者，创造 1 亿就业机会，帮助 1000 万家中小企业盈利
价值观	创新、激情、开放、教学相长、简易、群策能力、专注、质量、服务与尊重	客户第一、团队合作、拥抱变化、诚信、激情、敬业	客户第一、员工第二、股东第三；因为信任，所以简单；唯一不变的是变化；今天最好的表现是明天最低的要求；此时此刻，非我莫属；认真生活，快乐工作

资料来源：穆胜咨询。

图 2–1 阿里战略和组织架构演进过程中的价值观演变

资料来源：穆胜咨询。

价值观 1.0："独孤九剑"

1999 年成立之初，阿里的定位是做中国供应商，主要布局 B2B 业务。为了支持业务战略，阿里形成了以"中供铁军"为主的组织架构。这时的阿里是一家典型的单体企业，强调超强执行力。"中供铁军"的影响力相当大，以至于当下互联网企业但凡提及商务拓展（business development，BD），必然绕不开这个标杆。

当时，阿里确立了"让天下没有难做的生意"的使命，愿景是"做一家 80 年的公司、成为世界十大网站之一、只要是商人就一定用阿里巴巴"。创业期间，在通用电气公司（GE）工作了 17 年的关明生的加入，推动了阿里的价值观管理实践。

2001 年，在关明生的提议下，以马云为首的创始人团队共同提炼出了价值观的 1.0 版本——"独孤九剑"，内容为创新、激情、开放、教学相长、简易、群策能力、专注、质量、服务与尊重。这九条价值观大部分都是产生于真实的业务场景，都是对遇到的问题的梳理与提炼，体现出浓浓的执行色彩。

价值观 2.0："六脉神剑"

2003 年，马云为了寻求新的增长点，开始布局 C2C 业务与在线支付业务。在这个时期，由于业务开始多样，阿里由单体企业变成了多元化企业，组织结构也变得更加复杂，因此对于价值观有了新的要求。此时，阿里团队发现"独孤九剑"这种由创始人团队讨论形成的价值观在后续的内容理解、信息传递和落地执行过程中有诸多绕不过去的困难。

2004 年，在微软担任 HRBP 的邓康明加入阿里后，启动了价值观升级。在阿里成立五周年时，马云宣布将愿景升级为"成为一家持续发展 102 年的公司"，并提出了价值观的 2.0 版本——"六脉神剑"，内容为客户第一、团队合作、拥抱变化、诚信、激情、敬业。这虽然延续了"阿里味"，但变得更加包容和沉稳。

除了内容的变化，价值观 2.0 版本最大的变化就是其产生方式。据说，邓康明专门组织了一次由 200 位中层管理者参加的会议，经过两天的共同讨论和创作，才形成了指导阿里此后 15 年发展的"六脉神剑"。

价值观 3.0："新六脉神剑"

2008 年，阿里启动了"大淘宝"战略。此后，为了更快适应行业的快速发展，2011 年，阿里进一步将战略升级为"大阿里"战略。为了配合战略发展，2015 年，阿里对组织架构进行了变革，升级为"小前台 + 大中台"的模式。这种组织架构变化带来的影响是，阿里已经不再是一家简简单单的多元化企业，更像是一个商业生态。

2016 年，马云首次在合伙人会议上提出类似生态的"经济体"概念；2018 年 6 月，他又提出，伴随着"经济体"概念的升级，阿里的使命、愿景、价值观都要升级；2018 年 8 月，合伙人讨论会明确了"让天下没有难做的生意"的使命不变，但丰富了"2+1"经济体愿景，即"成为一家活 102 年的好公司；到 2036 年，服务 20 亿消费者，创造 1 亿就业机会，帮助 1000 万家中小企业盈利"。

此时，价值观的升级也被提上日程。2019 年 9 月 10 日，在阿里成立 20 周年年会上，马云宣布了价值观的 3.0 版本，即"新六脉神剑"，其内容为客户第一、员工第二、股东第三；因为信任，所以简单；唯一不变的是变化；今天最好的表现是明天最低的要求；此时此刻，非我莫属；认真生活，快乐工作。这个版本的价值观的内容选用了阿里的六句"土话"，从内容上分析，也将指向收敛到了一些底层逻辑上。

从提出价值观升级的想法到价值观最终成型，阿里用了近三年的时间，共举行了五次合伙人专题会议；累计有467名组织部成员参与了海内外九场沟通会；全球各事业群不同年龄、岗位、职级的员工都参与了调研，给出了2000多条反馈和建议。

颇具争议的价值观考核

为了能够对价值观进行有效的牵引，阿里有配套于价值观的考核制度。而随着价值观内容的变化，配套的考核制度也发生了几次变化（如图2-2所示）。

图2-2　阿里价值观考核方式的变化

资料来源：穆胜咨询。

2001年推行"独孤九剑"后，阿里就开始实行价值观考核。但是从披露的信息来看，价值观1.0版本的考核方式、评价等级等都没有明确的标准，考核制度非常模糊。

2004 年推行"六脉神剑"后，阿里开始实行通关制考核。六条价值观都需要考核；每条价值观从五个维度进行细化，每个维度对应不同的考核标准，实际最低分为 0 分，最高为 5 分。若某项分数为异常低（0 分、0.5 分）或高（4 分及以上），就需要提供案例举证。价值观的评分结果分为四个等级：优秀（27 ~ 30 分）、良好（23 ~ 26 分）、合格（19 ~ 22 分）和不合格（0 ~ 18 分）。

2013 年，阿里将考核方式修改为 ABC 档位制，取消了对每条价值观的维度划分。使用 ABC 档位制进行考核时，先对每条价值观进行 ABC 评级，再汇总评分，然后对汇总后的评分再次进行 ABC 评级。换句话说，以前需要为 6×5=30 个二级维度打分，现在只需要对 6 个一级维度打分，这无疑极大程度地简化了考核。总评为 A 档和 C 档的员工，都需要提供多个方面的案例支持和综合评价描述。在应用上，此时的价值观考核与业绩考核明显形成两个序列，考核结果共同作为年底的绩效考核成绩，价值观的评级影响年底的奖金与股权，而业绩则决定职级晋升和薪酬。

2019 年推行"新六脉神剑"后，考核方式变为"0-1"打分制。有意思的是，这表面上是简化了考核，实际上却有新的复杂性。六条价值观中有五条价值观需要考核，每条价值观下又细分为 4 个行为项，共计 5×4=20 个行为项。在考核时，先对员工的每个行为项进行 0 或 1 评分，即做到就是 1 分，没有做到就是 0 分，然后将 20 个行为项的分数相加，得出员工的价值观总分并进行定档，即 A 档（16 ~ 20 分）、B 档（11 ~ 15 分）和 C 档（0 ~ 10 分）。

从阿里价值观的内容和考核制度的演变上，我们可以看出一个明显的规律：阿里希望将价值观考核作为一种管理制度，所以会不断优化可操作性。

从通关制开始，阿里就引入了行为锚定法进行价值观考核，即将价值观按照行为分为几个等级进行评分。从最开始的 30 条打分，到后来的 6 条打分，再到最后的 20 条打分；从最开始的 5 分制，到后来的 ABC 档位制，再到后来的"0–1"打分制；从最初的"优秀→不合格"四档归集，到最后 ABC 的三档归集……阿里始终在拿捏考核成本和考核效果之间的平衡点。那么，效果到底如何呢？

我们在脉脉、知乎等平台上以"价值观""文化"等相关词汇进行了搜索，筛选出了其中表明自己是（或曾经是）阿里员工的网友的帖子，并对其关于价值观考核执行情况的评价进行了统计。加上我们在线下对阿里现员工和前员工的访问，我们总共抽取了 36 个样本。在这些样本中，我们发现有 75.0% 的人认为价值观考核是"假刀假枪走过场"，19.4% 的人认为价值观考核是认真评分，5.6% 的人说不清价值观考核是否进行了认真评分（如图 2–3 所示）。

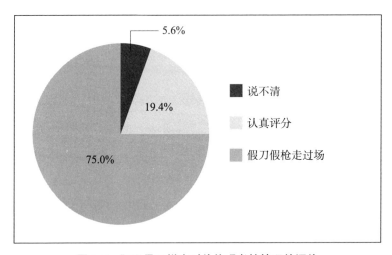

图 2–3　阿里员工样本对价值观考核情况的评价

注：由于无法验证上述社交平台上阿里员工样本的真实性，上述结论可能存在一定偏差。
资料来源：穆胜咨询。

根据统计结果，我们又选取了部分人员进行了深度访谈，他们对于阿里价值观考核有以下评价。

第一，员工自评——认认真真走过场。员工自评时，他们会为 20 条行为项逐一打分，分数一般都是 11 分或 12 分，自评等级都是 B。20 条行为项只涉及日常行为，并没有违法乱纪等红线项，也没有突出贡献等奖励项。所以，员工一旦做出违规行为，就会触发其他的奖惩制度，就不再属于价值观考核的范畴了。这就说明员工自评基本就是走走过场，每次打分不会有什么区别。

第二，主管评价——手感打分，释放导向。员工自评结束，主管开始评价。他们不会为 20 条行为项逐一打分，而是按自己的喜好随意打分，分数与员工自评的分数一般相差不大，会默契地落在 B 级。不过，有时主管为了鼓励员工，可能会给比较高的分数，当然这种高分并没有严格参考价值观标准。

第三，等级评定——固定评级，皆大欢喜。最后的评级结果基本都是 B，部门内对于 ABC 各等级的人员数量和比例没有强制要求。

第四，结果应用——并未刚性应用。有意思的是，尽管价值观的评级影响年底的奖金与股权，但我们的调研显示，有受访者依然认为，主管给出的高分并没有什么用处，依旧是业绩考核结果为主导。另外，价值观的考核结果虽然会对员工的去留有一定影响，但还没有因为价值观评级低或某项价值观不符就直接辞退员工。员工在工作中出现失误或在日常工作中做出违法乱纪行为，是员工被辞退的主要原因。

当然，有 19.4% 的人依然认可价值观考核，他们的职级普遍较高。一位受访者认为，价值观考核可以每次都打一样的分，但必须要打分。他进一步解释说，这是属于领导的一种重要的灰度管辖空间。他也相信自己能够用好这个空间，用他的话说就是，"哪些人有'阿里味'，我们是能闻出来的"[①]。

在访问时，我们还发现了一个价值观应用的场景——裸心会。这是一个定期由"政委"[②]发起的讨论场景，主要形式是集中一个部门的上下级相互进行批评，而批评的标准就是六脉神剑。在这个过程中，"政委"不参与裁判，只负责监督氛围和记录过程。换句话说，一旦出现"划水"的情况，"政委"就会用自己的经验来干预会议风向。据说，如果"政委"履职到位，这种会议就会"真刀真枪"，通常持续 3 小时以上。

当然，即使认可价值观考核的受访者也普遍承认，价值观考核能否真刀真枪也还得看"政委"的经验、能力和意愿。但能够达到这个标准的"政委"并不多，这导致了组织的局部可能出现价值观的考核和应用"走过场"。

如何看待价值观考核

那么，应不应该对价值观进行考核？如果应该，那如何进行考核呢？

优秀企业的价值观不仅仅是挂在墙上的"土话"，更是落实在管理制度和管理体系上的"一砖一瓦"。价值观只是结果，不是工具。美国流媒体公司奈飞（Netflix）以残酷的管理方式闻名，他们认为："别整那些没用的，你赶走谁，留下谁，给谁发钱，给谁扣钱，这就是公司的价值观。"

用价值观规范员工行为的效果也差强人意。真正使用过行为锚定法的人都

[①] 阿里喜欢用"闻味道"来比喻其人员甄选方式。这种甄选方式并没有太多的客观量化手段，但资深阿里人似乎对此深信不疑。

[②] 在阿里也被称为 HRG，即 HR Generalist，功能上相当于其他企业的人力资源业务伙伴（HRBP）。

清楚，这种考核方法主观性强，成本高，通常是无法形成区分度的。考核更有可能被"走过场"，形成两头小、中间大的橄榄式分布结果，即有少数极好的和少数极差的员工，剩下 99% 以上的员工都是平均得分。

字节跳动公司的 360 环评有业绩、"字节范儿"和投入度三个项目，其中"字节范儿"就是价值观考核。三个考核项目没有划分权重，但最终绩效以业绩评级为主。在对"字节范儿"考核时，员工需要从多个条款中选取想评估的条目，自评等级并说明具体事例。不少员工表示，关于"字节范儿"的解释太过模糊，主管们完全有可能仅凭个人喜好来奖励员工。

一位字节员工在经历多次考核后，总结了如何进行"有效的"自评：

- "开放谦虚"就是你写的方案被拒了，你乖乖把方案改了；
- "始终创业"就是很能加班，很能干活；
- "多元兼容"就是和国外的同事一起干过活；
- "坦诚清晰"就是和好几个团队一起干活，还没有被投诉；
- "追求极致"就是一份工作干了特别久；
- "务实敢为"就是干了领导容易看见的工作。

美团的价值观考核可以说是高仿阿里，使用的也是行为锚定法。但即使换了一家企业，这种工具似乎也无法克服其本身的瑕疵——公平性很容易受到质疑。一位美团员工就提出了类似的抱怨："老老实实、认认真真地执行公司的价值观，从早上 9 点上班，到加班至晚上 10 点下班，勤劳干一个月的结果却是排名倒数要被淘汰，工资也是最低的。刷数据的却能拿到第一名，工资也很高。不干还不行，要么刷数据，要么走人。"

我们很难说阿里、字节和美团的价值观考核公平与否，这几家企业也很难证实自己的价值观考核是否公平。而一旦陷入这种难以自证清白的纠结，对于一家超大型企业来说就麻烦了。

价值观的作用有两个，一是确认企业"主张什么，不主张什么"的底层逻辑（坐标），也就是说，如果没有对价值观达成共识，无论怎么写制度，都会有一批人不满意；二是在管理上"打助攻"，起营造氛围、强化认同、弥补漏洞的作用。

如果过于"务虚"，认为价值观是万能灵药，就会造成在管理体系设计上的放松，会造就一个管理乌托邦，组织必然涣散。

在阿里内部，绩效考核的颗粒度和客观性、晋升的公平性都曾受到各种质疑，却鲜有突破创新。一旦涉及管理缺陷，就喜欢用价值观来打补丁，实在无法解释就来一句"因为相信，所以看见"，这是不可取的。"务虚"多了，"务实"就少了。

如果过于"务虚"，就会神化价值观和企业文化，这样更不可取。在阿里内部，破冰活动①被诟病已久，一些独特的"江湖规矩"更是让人望而却步。字节员工也抱怨，公司原来正面的价值观在实践中被某些管理者曲解了，变成了"工作上不设边界，背锅时务实敢为，待遇上延迟满足"。其实，依靠价值观这种"形而上"的理念来打造服从性，必然会出现这种尴尬，因为每位领导都可以凭借自己的理解来阐释价值观，形成自己领地中的"土规矩"。

价值观既是传播利器，也是反噬的催命符。

在过去，人们喜欢神化阿里的价值观和价值观考核，阿里似乎也在有意无意地引导人们关注这些。事实上，这的确让阿里收获了一波好感甚至流量，但

---

① 我们在调查后发现，阿里在成立之初，的确在组织内部有一些比较出位、缺乏边界感的破冰活动，这些活动在创造凝聚力的同时也会让参与者不适。但后来，这种受到争议的传统被取消了。

从写代码抢月饼事件到代考事件……每当有类似事件爆出，阿里员工和网友们也都会拷问阿里的价值观。而一旦阿里的处理方式与"六脉神剑"中那些"无比正确"出现冲突时，公众反噬的情绪必然会更加强烈。

京东强调正直的价值观，但这种价值观也曾因某些事件遭遇挑战。例如，六六事件①爆发后，不少网友一度对他们坚持的"相信京东，相信刘强东"的立场产生怀疑。在某社交平台上，在关于"京东所谓的价值观到底是什么"的回答中，超过 90% 的答案都是负面。

老牌互联网巨头企业百度的价值观是简单可依赖。其初心很好，强调为客户服务，但魏则西事件②爆发后，网友开始质疑"这个客户是商业上的金主，而不是'百度一下'的你我"。

以"为用户创造价值"作为价值观的滴滴出行也同样出现了类似的问题。温州乐清女孩事件③将滴滴推上风口浪尖，直接导致其顺风车业务无期限下线。

那些非常崇拜阿里的管理模式的管理者应该清醒一下了。在穆胜咨询曾经

---

① 六六事件：程某在京东全球购买了美国的一款孕妇枕，因发现是假货就向商家维权，并要求商家按"假一赔十"的承诺赔款。此事申诉至京东客服，客服认为商家欺诈证据不足，只同意判定退货退款。程某的同学六六随后发表了声讨京东的檄文《无赖京东》，此文瞬间发酵。2018 年 3 月 18 日，京东出面道歉。

② 魏则西事件：西安电子科技大学大二学生魏则西检查出滑膜肉瘤，通过百度搜索找到武警北京总队第二医院，那里的医生称从国外引进的生物免疫疗法可延续生命 20 年。在接受 4 次治疗、花费 20 余万元后，他的病情依然没有好转，最终于 2016 年 4 月 12 日早上去世。生前，他曾在帖子中讲述了事件原委，称不要太相信百度广告。这一事件对百度的公众形象造成了极大影响，百度公司的股价因该事件一度大幅下跌。

③ 温州乐清女孩事件：2018 年 8 月 24 日，浙江省乐清市一名 20 岁女孩赵某某乘坐滴滴顺风车后失联。8 月 25 日上午，犯罪嫌疑人、滴滴司机钟某在乐清一处山上落网。到案后，其交代了对赵某实施强奸并将其杀害的犯罪事实。8 月 25 日，滴滴发布道歉声明，称有不可推卸的责任，后续会积极配合警方做好善后工作。

辅导的一家企业里，老板言必称"马老师"，甚至因其首席人力资源官不能背诵阿里的"六脉神剑"而大发雷霆。别人做得好的，应该学习；走的错路，也别盲从。

比起用价值观管理组织，踏踏实实做好企业、做好组织管理，是不是更靠谱一些？

第 3 章

OKR 工具：已经沦为内卷"神器"

2022 年 7 月 25 日，连续创业者罗永浩在社交平台上发布了一则视频，不仅对"公司之道"展开了讨论，更声称要把新公司开在飞书上，引发众多网友关注。罗永浩一直是流量大户，他退出直播带货，再次投身科技创业，自然又是一次热点事件。

飞书是字节跳动公司 2016 年自研的一站式协作平台。本次该公司的投放不仅踩上了热点，而且请罗永浩为其产品理念背书，毫无疑问，这是一次成功的市场行为。

OKR 可被视为飞书的底层逻辑。字节跳动公司于 2013 年率先使用了 OKR，随后其他知名企业迅速跟进（如表 3-1 所示）。截至 2022 年底，这家被戏称为"宇宙厂"的超级巨头企业已经拥有员工 11 万人，并独霸国内互联网商业世界的信息流赛道，旗下最著名的超级 App 抖音更是聚集了 6 亿日活跃用户（daily active user，DAU）。其推出的飞书是 OKR 理念的产品化实践，自然也赢得了市场的强烈反响。

OKR，即目标与关键成果法，是由英特尔公司创始人安迪·葛洛夫（Andy

Grove）于 1999 年提出的，约翰·杜尔（John Doerr）将其引入谷歌公司使用，被誉为这家顶级互联网企业实现"十倍增长"的秘诀。在谷歌彪炳业绩的加持下，OKR 逐渐在硅谷互联网公司（如 Facebook、领英等标杆企业）中得到广泛使用。

表 3-1 国内部分宣称引入 OKR 的企业

时间	互联网企业	非互联网企业
2013 年	字节跳动	—
2014 年	知乎、美团、拼多多	美的
2015 年	华为	—
2017 年	腾讯	通用电气
2018 年	阿里、小米	理想汽车
2019 年	百度、京东	—
2020 年	元气森林	旭辉、三一重工
2021 年	—	万科、名创优品、瑞幸咖啡

资料来源：穆胜咨询。

现在，OKR 已经从最初引入国内的风卷残云回归到波澜不惊，甚至有点逐渐褪色。如图 3-1 所示，从百度指数来看，2014 年，OKR 开始走红；2021 年，热潮达到顶峰。现在，其尽管仍然保持在一个高位，但往下走跌的趋势非常明显。

通俗点说，大家都关注过 OKR，也都尝试实践过，但其效果并没有宣传中的那么无往不利；相反，很多企业都遇到了若干新问题。所以，很多在过去坚定不移的企业开始犹豫，OKR 也一度被互联网巨头企业的员工吐槽为内卷"神器"。

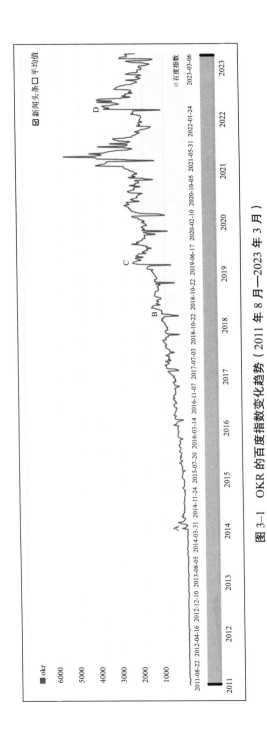

图 3-1　OKR 的百度指数变化趋势（2011 年 8 月—2023 年 3 月）

OKR 的管理逻辑

随着谷歌公司和字节跳动公司这两家超级巨头企业的飞速发展，外界很自然地将它们在组织上的成功归因于 OKR。借助从各种渠道收集的公开信息，我们几乎可以还原出两家巨头实施 OKR 的模式，如图 3–2 所示。

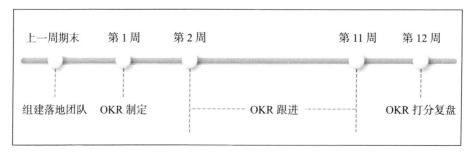

图 3–2　谷歌公司和字节跳动公司实施 OKR 的时间轴

资料来源：穆胜咨询。

两家公司实施 OKR 都分为以下四个阶段。

1. **准备阶段**。周期开始前需要进行预热，收集和同步各类关键信息，为后续的计划制订做准备。

2. **制定阶段**。第一周需要制订任务计划，这在很大程度决定了 OKR 的成败。这个过程本质上还是自上而下进行的，只不过在每个层级中，在上级获得了任务后，下级会提出自己的任务（而非被分配）。在这个过程中，OKR 强调了对齐、拉平等环节，力图让执行者在信息对称的情况下开展工作，这显然增加了协同性。最终，公司从上到下的每个责任主体都会有 3 ~ 5 个目标（O），每个 O 都会有 2 ~ 5 个关键成果（KR）。看起来，所有人都为了达成公司的目标，各自承接了 KR。

3. **跟进阶段**。第二周至倒数第二周需要持续复盘，辅导执行难点，并更新 OKR，即通过每周例会、月度例会、季度例会不断跟进 OKR 进度，复盘总结得失，以评分晾晒和激活团队。

4. **打分阶段**。最后一周需要闭环这一循环周期，为 OKR 执行情况打出分数。具体的方法是，员工完成自评，而后 360 环评，最后由上级基于前两步决定最终评分。

在考核周期上，字节跳动公司原来进行双月考核，但该公司 2023 年 2 月 17 日发布内部信称，将 OKR 周期延长一个月，调整为每季度一次，理由是频繁变动的工作更适合稍长周期的 OKR。至此，谷歌公司和字节跳动公司的 OKR 实施周期均变成季度。

OKR 与传统 KPI 最大的不同在于考核环节，我们可以理解为，OKR 是不严格考核的。问题来了：既然都制定目标了，那为什么不考核呢？ OKR 的理念是一旦严格考核，员工与公司之间就会在目标设定上展开博弈，浪费大量的管理成本，最终很难确定合理的目标值。因此，OKR 模式主张把目标定得高一点，但是并不基于目标达成做强考核。

又一个问题出现了：如果不考核，就不能对员工产生约束，为什么还要设定目标呢？ OKR 模式引入了一个非常重要的补丁——360 环评。说白了，目标要设高一点，但评价是基于目标设置的野心以及完成与否，由上级、平级和下级同事综合评价给出得分。

严格意义上说，OKR 是一种主动式、粗颗粒、循环式的目标管理（management by objective，MBO）。这一模式似乎与企业在数字化时代的需求天然契合。但实际上，在实施 OKR 的样本企业中，这一号称尊重员工创造性、不以考核为目的的模式却遭遇了诸多挑战。

一位新加入字节跳动公司的员工反馈说，相比自己以前在职场中经历的KPI考核，OKR仅仅是在形式上增加了"花活"，但考核还是换汤不换药。甚至有人干脆将OKR称为"中华田园KPI"。

OKR存在的问题

穆胜咨询在多个社交平台进行了随机抽样，并结合线下信源进行了交叉验证和系统整理。我们发现，各大企业在推行OKR的过程中均暴露出了诸多共同问题。

在准备和制定阶段可能会出现以下问题。（1）窝里斗，员工内卷无止境。OKR的设定要求整个团队的目标要协同、对齐，"卷王"的OKR永远像小作文一样长，团队成员就要向"卷王"看齐，把自己的OKR加长再加长。（2）KR沦为任务清单。如果卷起来是为了创造价值，那我们倒是可以理解，但问题是，卷出来的KR本身可能就没有价值。在绝大多数实施OKR的企业中，员工既没有对O进行仔细分析，也没有推敲有些KR是不是真正的KR。道理很简单：多写好看，少写尴尬。这导致上下级集体"降智"，KR沦为日常任务清单，也导致了资源分散。例如，在某家实施OKR的企业中，员工甚至在自己的KR中列入了"阅读一本世界名著"。最严重的情况是，若干个KR都完成了，但O却未达成。

在跟进阶段可能出现以下问题。（1）增加了额外工作。周期内有每周例会、月度例会等对OKR进行复盘、对齐，每层汇报会议都要求底层员工整理和分析数据、更新报告，浪费了大量的时间。（2）引发了绩效表演。除了浪费时间，频繁的回顾会使员工表演"过程绩效"，产生类似研发"重复造轮子"的问题。说白了就是，为了应付阶段性汇报，就必须有阶段性成果，于是导致了将别人或自己的成果换皮再推出。（3）导致目标失焦。大部分的阶段性回顾都是认认真真地走过场。即使遇到无法完成的目标，也并没有讨论并确定修改方案。因此，之前一周不能完成的目标，之后一周仍然不能完成。最后，这些目标就以客观原因为由被束之高阁了。

在打分阶段可能出现以下问题。（1）制定出现偏差，变相进行双重考核。由于 OKR 经常跑偏，因此还需采用 KPI 来守住底线。于是，对于这类既有 KPI 制度又有 OKR 的公司的员工来说，一年要打六次分，半年一次绩效考核，这简直是分分钟吊打打工人。（2）利用游戏规则随意修改目标。实施 OKR 的企业的组织结构一般比较扁平化，中层承受着巨大的压力。因此，为了保住自己的位置，中层会在周期开始时为自己的团队制定高不可攀的目标，以"压榨"团队成员的业绩。但在周期结束复盘时，如果他们发现离目标的差距太大，就会利用 OKR 可以纠偏、调优的机制，私自修改目标，以保证完成率。所以，中层的下级和上级对这样随意调整目标都不会满意。（3）形式大于目的，评估全靠手感。在某巨头公司工作的一位程序员表示，同样都是 OKR 系统，外企向着"目的"去，开发需求固定、排期可变，整个系统都是灵活的；而国内巨头则冲着"形式"来，除了排期，什么都在变。由于研发周期长于考核周期是常态，因此只靠管理者的手感打分必然会导致不公平。甚至有人说，OKR 过程中的复盘靠的是表演，周期结束时的打分靠的是人脉。

说到这里，我们应该很清楚 OKR 是怎样一步步被"玩坏"的了。

问题始于准备和制定阶段。OKR 的设定并没有与公司经营实现联动，而更多的是"自说自话"的任务项。更因为 OKR 有"晾晒"的逻辑，导致了形式主义：要么是任务越写越多，以至于"内卷"；要么是越写越偏，以至于"走偏"。

这种逻辑缺陷延续到了跟进阶段。由于目标设置不合理，因此不可避免地要占用大量时间来进行沟通、对齐、拉平，这无疑增加了管理成本。于是，这类会议的效率就成了关键。但这类会议的效率有多高？懂的都懂。

问题又像击鼓传花一样传到了总结打分阶段。由于目标设定偏差和对过程评价的过度重视，因此评估结果自然会出现扭曲。穆胜咨询研究了BATM（字节跳动、阿里、腾讯、美团四大互联网一线企业）的研发人员考核机制，它们大多数都选择了使用OKR，结果就是研发人员"重复造轮子"的现象非常明显。

当然也有人会认为OKR在被引入国内后变味了，但一则OKR鼻祖淡化OKR的消息撕烂了这"最后的遮羞布"。

谷歌公司淡化OKR

2022年，谷歌在其官方网站中写道：

> 自2022年5月起，我们将采用一种被称为谷歌员工评价和发展（googler reviews and development，GRAD）的新的绩效评估方法，专注于跟进员工的成长、学习和进步。

我们先来看看谷歌的绩效管理系统究竟是怎样的。

谷歌完整的绩效管理系统是Performance Management，其在内部被简称为Perf。该公司的绩效管理是一个连续的周期性过程，由目标设定、自我评估、同事评估、校准会议和绩效面谈五个重要部分构成（如图3-3所示）。

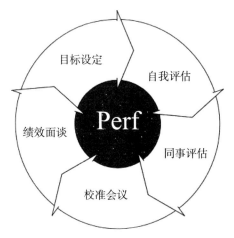

图 3-3 谷歌公司的绩效管理系统

资料来源：穆胜咨询。

OKR 是 Perf 的一个部分，主要用以设定某些目标。需要注意的是，我在前文中也提到过，在谷歌所倡导的 OKR 模式中，目标设定并不进行强考核，也并不是完全通过 OKR 来实现的，大量常规性的工作依然有 KPI 的身影，只是穿上了 OKR 的外衣。从比例上看，OKR 设置的绩效指标或目标的数量仅占 Perf 中的 40% 左右。

舆论神化了 OKR，原本局部运用于谷歌绩效管理某个环节的管理工具，被说成其组织建设的底层逻辑，还将业绩完全归功于此。以至于现在一谈到谷歌的绩效管理系统，人们就会不自觉地想到 OKR。

让我们抛开对过度宣传的质疑，来看看 OKR 作为目标设定环节的一种选择究竟有何作用。在这里，我们有必要重申一下 OKR 的优势。作为一种目标设定和跟踪的工具，OKR 有以下明显的优势：（1）相对 KPI 的设置，OKR 更加灵活、聚焦，且便于动态调整；（2）设置了频繁的循环式复盘，让目标得以引导员工。正因为具备这些优势，也因为谷歌处于业务创新的赛道上，OKR 的运用越来越广。

但是，这些优势也埋下了隐患，其内卷"神器"的属性也在谷歌有所表现。谷歌 Perf 被人诟病最多的就是其频率太高，评估周期过长，占用了大量的时间，增加了员工和管理层的工作量。具体来说，其考核周期为每半年一次，每次要走 2 ~ 3 个月的流程。经常是上次 Pref 结果出了两个月，下次 Perf 又要来了。尽管 2018 年之后调整为每年一次"必做"、一次"可选"，但是大家都尽量两次做满，所以"卷度"没有任何变化。加上 OKR 需要频繁复盘，必然消耗更多的管理成本，员工私下吐槽已经愈演愈烈。

显然，Perf 遭遇尴尬，OKR "功不可没"。采用 GRAD 本质上就是希望减少这种内卷，但如此一来，OKR 自然被淡化。

字节跳动公司重新审视 OKR

回到国内。在 2022 年谷歌开始调转船头之后，字节跳动公司在 2023 年发布的一则信息也值得玩味。

2023 年 2 月 17 日，字节跳动公司现任 CEO 梁汝波发员工内部信宣布，将最近的一次双月会延期一个月，即公司级双月会改为季度会。这也意味着，OKR 的回顾周期由双月改为季度。

梁汝波在信中说明了调整的两个原因。（1）公司大部分业务相对成熟复杂，双月变化不明显，改为季度会后，回顾周期可以更长。（2）集团业务如果处于快速变化期或关键时期，可以在季度中增加一次回顾和对齐会议；如果业务变化较慢，那么既可以选择两个季度开一次会议，又可以增加主题会议，让讨论更加深入。

我们可以理解为，字节跳动公司设置了更加灵活的回顾周期，匹配了不同的业务需求，这种调整看似合理，但这必然会冲击 OKR 等工具在公司内的地位。举个形象的例子。原来每周做一次大扫除，现在每个月做一次，是不是意味着卫生问题没那么重要了？那么，OKR 还会是字节跳动公司坚持不动摇的"组织基石"吗？

OKR 热度的退去在字节跳动公司内部早有征兆。据悉，公司内部有一块可以监测全员填写 OKR 情况的看板。但据一位战略相关人士的说法，从 2020 年开始，OKR 填写率持续走低。从字节跳动公司风风火火地引入 OKR "神器"开始，到这个"神器"开始降温，刚好持续了七年。如此看来，"神器"也逃不过"七年之痒"。

更明显的征兆来自创始人对 OKR 的态度。2021 年 5 月 20 日，张一鸣在卸任 CEO 时发表的内部信上说，他对自己在过去一年的三个 OKR 都不满意，新的一年要思考更长期的 OKR。如果 OKR 仅仅被创始人用来展望未来而缺乏约束来完成，那么它也自然无法引导员工，似乎也就失去了其本身的意义。

OKR 的褪色还体现在其牵头部门上。在张一鸣卸任后，字节跳动管理研究院的 OKR 提高部（研究公司内部 OKR 使用情况的部门）也不再硬性要求本部门员工填写 OKR。牵头部门率先行动，其他部门多多少少也会给员工"减负"。

2022 年 7 月，梁汝波在自己的 OKR 中明确了组织"去肥增瘦"的目标。在落地过程中，一方面，控制组织增速，明确要根据业务来更新人力资源计划，降低第二年的招聘计划目标；另一方面，鼓励各业务部门按照实际需要灵活调整 OKR，且应该给予更长的耐心。从第二点看，在高层授意下，OKR 的考核刚性显然被软化了。

对企业来说，如果不断有新业务，那么 OKR 是一个实用的工具，可以拓展员工的思维边界，帮助他们各展其长，冲刺挑战目标；但当企业增速放缓，业务逐渐成熟、标准化的时候，相对稳定的 KPI 考核可能更合适，OKR 的价值可能会逐渐走向平庸，甚至还会带来额外的管理成本。

要想制定出一个合格的 OKR 就需要耗费大量的时间，还包括花时间与团队成员校对。字节跳动公司的一位 HR 透露："新来的管理者普遍面临业务压力，很少有人会在写一份好的 OKR 上花很多时间。"

过去两年，字节跳动公司的增长速度明显放缓，组织管理开始回归理性。一方面，公司内部分工开始越来越精细，每位员工就像一枚螺丝钉，过去面对新项目时的无边界活动开始减少；另一方面，公司开始调整过去略显激进的人力资源制度，如工作时间变成"1075"（早上 10 点上班，晚上 7 点下班，每周工作五天）、取消大小周等，让员工的工作时间相对可控。

在这样的背景下，OKR 真的适用吗？或者说，使用 OKR 真的划算吗？一位曾在几家巨头企业工作过的字节员工直言不讳："现在实施 OKR 的成本太大了，如果不能产生明显的效果，那还不如回到 KPI。"

飞书减速，拷问 OKR

其实，OKR 在字节跳动公司的褪色还体现在飞书业务的进展上。这项以 OKR 为底层逻辑的工具宣称，企业使用它能实现组织协同，因此它曾一度席卷了大量中国企业。但 2023 年初，飞书的管理层却在近期的内部会议上透露，飞书国内业务在短时间内无法实现盈利，业务重心将转移至海外市场。

飞书发展受限，主要有以下几个原因，看似都与 OKR 这个工具有关系。

第一，产品功能受到挑战。飞书在早期采用大客户战略，团队以衡量用户规模作为绩效考核方式，所以人数众多的大企业成为其首选目标。这个理念看似没问题，也能给字节高层反馈其希望看到的"业绩"，但问题是，大企业的业务板块复杂，而依托于 OKR 的飞书功能相对简单，供需之间的匹配似乎颇为纠结。例如，虽然飞书耗时两年才拿下华润项目，但至今仍未覆盖整个业务线。

随后，飞书又将目标转移至中小企业，但是对于中小企业来说，组织分工可能相对模糊，协作又是另一套逻辑，飞书的一体化解决方案似乎又有"大炮打蚊子"的嫌疑。

总之，无论面对哪个体量的企业，飞书宣传的能够实现的协同似乎都没有如约而至。

第二，客户特征制约效果。截至 2022 年底，飞书签约企业超过 200 家，绝对主力为新能源汽车、互联网等"先进"行业，这完全符合了飞书"先进企业用飞书"的定位。这些企业似乎与字节跳动公司一样，面临新业务、新挑战，天然适配 OKR，但问题在于它们太"年轻"，本身缺乏知识沉淀和管理基础，让它们在一片新大陆上用 OKR 来探路显然有点强人所难。事实上，使用 OKR 的人必须对自己的专业领域和市场的风吹草动有深度认知，还必须接受过一定的管理培训，如目标分解、指标设定等。说白了，做不好传统的 MBO，也做不好 OKR。OKR 的工具再合理，也无法替代这些必要条件，而且 OKR 可以从 1 到 2，但无法从 0 到 1。

第三，竞争对手大兵压境。国内办公软件市场竞争格局十分激烈，飞书与钉钉、企业微信还有较大差距。2020 年，新冠疫情让协同办公市场进入高速发展期，而一直定位 To B 市场的飞书却没有赶上这波增长大潮，在用户规模上逐渐与钉钉、企业微信拉开了距离。据飞书内部人士透露，2021 年，飞书曾定下日活跃用户数量超过 1000 万的目标，但 2021 年底，飞书的 DAU 仅为 500 万左右，甚至到 2022 年底，飞书仍未达成 2021 年定下的目标。

市场表现不同是因为几个产品的核心功能的定位不同。企业微信建立在微信强大的社交网络上，主打的是映射一个企业层面的社交网络；而钉钉则主打内部沟通、流程审批功能，对于办公场景的线上化还原是其绝招。这两个竞争对手的产品的功能都直面用户刚需，而飞书主打的 OKR 似乎在这场比拼中并未占到上风。

第四，高投入、低产出。在抢占市场规模失利后，飞书开始加大人员投入，争取在团队规模上领先。飞书曾采用"白菜价""堆人头"的策略签大单，这就出现了打单团队的人工成本远远大于客单价的现象。雷锋网提供的数据显示，飞书一年的总成本高达 100 亿。相较于钉钉的 1500 人团队，飞书的万人团队实在太过庞大。如果 OKR 的鼻祖都人效过低，并且存在组织管理上的问题，那又如何让人相信这个"神器"的威力呢？

从逻辑上讲，飞书团队的人效持续走低显然是产品没有"击穿"市场的证明。字节跳动公司似乎也注意到了这一问题，并开始积极调整。据相关媒体报道，2022 年 10 月至 12 月，飞书团队开始大规模裁员，裁员超千人，比例高达 10%，而且目前还在持续优化中。

看来，有了"神器"，还是需要用"手动模式"为企业提效。

应该如何理解 OKR

字节跳动公司的"App 工厂模式"和谷歌公司"10 倍增长"的成功，足以刺激国内各大企业纷纷入局。在这些企业中，有的企业确实是在多次试错后希望找到管理灵药，有的企业则是被两家巨头企业彪炳业绩"晃晕"了，实属跟风。可以肯定的是，当它们实施 OKR 时，若干问题会接踵而至。于是，曾经被捧上神坛的 OKR 又会被吐槽为内卷"神器"，还会在企业"卷"不动后被默默抛弃。冰火两重天的境遇不禁让人唏嘘。

管理上没有特效药。OKR 看似简单犀利，但实际上，要成功实施落地，就需要投入大量成本。OKR 必然能够为企业带来积极的变化，但问题是，字节跳动公司基于创始人眼光创造的战略红利过于辉煌，这让有心之人发现了商机，将这种业绩很大程度归因于 OKR，并伺机收割韭菜。于是，一些媒体、吃瓜群众和企业家纷纷产生了不切实际的幻想，将其当成万能灵药，以为可以即插即用、万试万灵，这也让策划这种"围观"的有心之人暗自窃喜。

一位 10 亿营收规模企业的创始人向我们描述了他的企业引入 OKR 的过程：

> 一听到谷歌和字节都用这个秘密武器，一想到这两家企业的业绩，谁会不心动？推广 OKR 的咨询机构也抓住了我们的痛点。销售人员说，这个工具就是解决组织协同问题的，我们就是让您公司的员工有同一个目标、一致行动。这不就是我们的痛点吗？我一看，30 万出头的价格就可以加入他们的学习组织，还说会上门手把手辅导，性价比很让我心动。试一下嘛，万一成了呢？

说完，在场的所有人都笑了，他自己笑得最厉害。

从技术层面看，大多数老板并没有弄清楚 OKR 的定位，以至于产生了两种误解。

第一，将 OKR 当成塑造组织的"神器"。不改组织结构，不改激励机制，只是提倡员工发挥创意、自我突破，组织在一段时间内虽然可能会有点"运动式"的变化，但终归会回归原始状态。所以，你可能会看到沟通、对齐、拉平还在进行，但大家好像没那么真诚了；个人的KR设定依然可以填满表格，但含金量好像降低了……说到底，员工持续稳定的行为模式还是要靠组织设定的责、权、利来塑造，没有这些只谈"自我驱动，为爱发电"，肯定不靠谱。

第二，将OKR当成绩效考核的"神器"。OKR提倡简化、聚焦任务，考核的是每个KR的完成情况。这种考核看似"粗颗粒"，但并不见得就是"低成本"，因不够精细的考核而产生的管理成本必然如影随形。另外，这种"粗颗粒"意味着很难真正量化员工创造的价值。道理很简单，如果OKR真的能够量化员工的贡献，那么很多企业就不会以大小周或给加班费的方式，去变相计量员工的工时了。

说到底，OKR只是一个目标管理工具，这种工具更大的意义在于激发一种群策群力地去实现目标的氛围。如果一个管理工具没有被放到合适的制度环境中，那么它是不可能成功的。所以，那些因做不好KPI而选择OKR的企业，最终还是做不好OKR。这也许不是KPI或OKR的问题，而是企业自身的问题。

OKR从火热到慢慢冷却的过程也折射出了我国企业管理水平羸弱的症结。比起OKR的褪色，很多企业家走捷径的贪念才是最让人忧虑的。

第 4 章

去 KPI 化：简化考核的空想

在互联网商业浪潮兴起之初，大多互联网巨头企业似乎都认为考核是最无聊的事。前景无限的商业模式，加上粗放的股权、期权和奖金激励，考核是不是足够精细已经不再重要了。互联网界甚至还出现了"为爱发电"的说法，更有意思的是，看客们居然相信了这种荒谬的说法。这其中不乏不少大佬的加持。

2016 年，李彦宏曾在发给员工的内部邮件中表示："从管理层到员工，我们对 KPI 的追逐使我们的价值观被挤压变形了，业绩增长凌驾于用户体验，简单经营替代了简单可依赖，我们与用户渐行渐远。"2018年 12 月，百度终于开启绩效改革，由原来的 KPI 模式变为 OKR 模式。

小米集团自创立之初就以"极度扁平化，无 KPI"著称。2016 年，雷军在小米年会上表示："我们决定继续坚持'去 KPI'的战略。KPI 已经不适用现代企业的发展。"

有意思的是，随后的一些论调突然变了风向，KPI 似乎又成了巨头企业的执着，百度和小米等主张"去 KPI 化"的企业突然又拾起了 KPI。

2019 年，小米进行管理转型，划分管理层、进行 KPI 考核，并宣称："简单机械的 KPI 制度不可行，真正的 KPI 应该与企业的使命和价值观紧密相连。"

2022 年，百度员工在某社交平台上吐槽："百度公司的 KPI 真的很多。"显然，宣称投奔 OKR 的百度似乎又拾起了或者说根本就没有放弃KPI。

我们发现，互联网巨头企业一直在"是否去 KPI 化""是否要简化考核"等问题上反复纠结。近几年，考核似乎又被简化了。

2022 年 6 月 9 日，腾讯向全员发出邮件，宣布启动新一轮人才评估体系优化升级，对全集团的人才管理制度进行改革。此次升级主要涵盖绩效管理和职级晋升两方面，焦点是对人才考核评估方式进行简化。

2022 年 5 月，谷歌在其官方网站宣布，自 2022 年 5 月起，公司将采用名为 GRAD 的新的绩效评估方法，以专注于跟进员工的成长、学习和进步。这种新的绩效管理模式依旧是简化了考核。

除了这两家互联网巨头企业，字节跳动、知乎、美团、华为等企业纷纷启用 OKR，试图简化考核；Adobe、微软、GE 等企业更是废除了绩效评级制度。我们的疑问是：在几轮"拉抽屉"的过程中，这些互联网巨头企业的做法是正确的吗？

腾讯变革考核方式

我们先谈谈腾讯。要想了解腾讯的此次改革，首先我们需要明确腾讯的人才评估体系。腾讯的考核主要分为绩效考核和晋升考核两种。

- **绩效考核**：主要针对基层干部和员工。指标分为两部分，即业务评价（业绩考核）和组织管理评价（行为考核），权重分别为 70% 和 30%。
- **晋升考核**：考核主要有两个关卡，一是硬性资格，如工作年限、在此前等级的停留年限、考核成绩、所负责业务核心程度等；二是现场答辩，形式是专业通道面试。

这两种考核之间有明确的关系：绩效考核关系到员工内部活水计划^①的调配和年终奖；在绩效考核达标的基础上，员工可以获得晋升答辩资格，通过打分排名实现晋升。

客观来说，无论是从指标体系还是制度设计上，腾讯的人才评估体系都是比较常规而规范的模式。2022 年 6 月进行的人才评估体系的优化和升级是继 2019 年调整专业职级体系后，再一次针对人才管理进行的调整（如图 4-1 所示）。2019 年，腾讯更新了职涯设计，而后通过组织调整、薪酬回顾等方式，一直努力明确分工，并校正自己对于人才的评估方式，力图实现人岗匹配。此次优化升级人才评估体系可被看作是改革在这个方向上的深化。

---

① 互联网公司内部横向调动制度的总称。

2020 年 采用薪酬 回顾机制	2022 年 5 月 18 日 公布第一季度 财报	2022 年 5 月 31 日 《关于薪酬回顾有关 调整的通知》
2019 年 6 月 10 日 重新定义专业 职级体系	2021 年 4 月 15 日 PCG 事业群 改革	2021 年 5 月 19 日 OVBU 组织 架构调整	2022 年 6 月 9 日 启动"人才评估 体系优化升级"

图 4-1 腾讯人才管理的推进过程

资料来源：穆胜咨询。

改革的背景

进一步看，这次的改革要考虑两个大的时代背景。

一是互联网红利消失，这是传统互联网商业模式发展到一定阶段的必然结果。以前，互联网巨头企业通过搞银弹战术、人海战术，充分利用流量红利和政策空间实现了高速发展；而如今，互联网已进入存量时代，高速扩张、跑马圈地的时代基本结束，这些巨头企业可能面临严峻考验。

二是外部商业环境凛冬已至，这是若干变量突如其来、叠加效应的结果。受新冠疫情、市场环境、人口结构等因素影响，全球经济大环境差，腾讯近年来的财报表现不如预期。在这种环境下，腾讯急需变革。

早在 2021 年年报发布会和电话会议上，马化腾就坦言，2021 年是充满挑战的一年，收入增长放缓、财务面临逆风。2022 年 5 月，马化腾在《腾讯可持续社会价值报告 2021》中再次提到了腾讯正面临挑战和发展并存的新阶段。

如图 4-2 所示，腾讯 2022 年第一季度实现营收 1354.71 亿元，同比持平；净利润 234 亿元，同比下滑 51%，降速一半已是不争的事实。

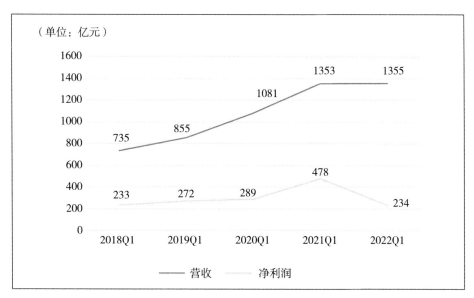

图 4-2　2018—2022 年 Q1 腾讯的营收与净利润折线图

资料来源：穆胜咨询、腾讯财报。

互联网寒冬下，腾讯急需寻找新的增长空间，所以在管理上精耕细作成了必然选择。具体来说，组织与人力资源管理的方方面面都需要创新，而作为一家重仓人才的企业，从人才评估入手也就显得顺理成章。

简化、简化、再简化

根据我们的观察，腾讯针对人才评估的四个要素进行了变革。

- **内容（考什么）**。倡导不面评答辩，取消升职所需的 PPT、演讲汇报等形式，鼓励简化评审方式。
- **主体（谁来考）**。9 ~ 11 级的晋升权交给员工所在部门和业务线；12 级及以上的员工晋升由个人申报改由部门提名并申报。

- **等级（分几档）**。绩效评分由五档（1 ~ 5 星）绩效等级精简为三档：突出（outstanding）、良好（good）和欠佳（underperform），更接近于 271 法则（如图 4-3 所示）。

- **周期（何时考）**。员工和管理者进行的同级反馈 / 下属反馈由一年两次简化为一年一次；晋升 9 级及以上评审由一年两次简化为一年一次。

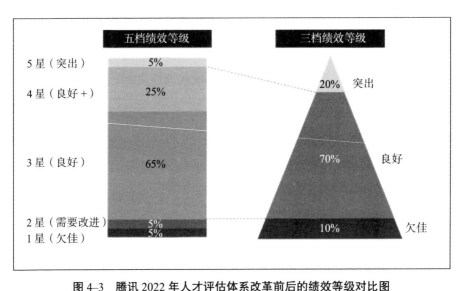

图 4-3　腾讯 2022 年人才评估体系改革前后的绩效等级对比图

注：数据由脉脉上标注"腾讯员工"身份的和用户提供，各部门具体数据略有浮动。

资料来源：穆胜咨询。

这种改革的效果如何？至少员工是一片叫好。以前的绩效和晋升考核制度常被员工诟病，每年考核的时候都会有员工质疑合理性，比如强制分布的制度造成被考核者轮流"背星"是否合理[1]，答辩由各部门非专业评委评审是否合理等。此次调整在简化考核的同时，客观上减少了员工的质疑。

此次改革的好处似乎是显而易见的。

一是等级更加清晰。改革前，1 星和 2 星都属于低绩效区间，领导往往会直接打 2 星，1 星形同虚设，或者直接"3 星堆"，部分评价体系较为模糊；而改革后，减少了无效的评价等级。

二是利于改善关系。改革前，互评反馈体系加剧了内部的矛盾和小团体的斗争；改革后，反馈次数的减少缓解了此类冲突，一定程度上有利于营造良好的工作氛围。

三是机制得以简化。改革前，员工升职需要花费大量时间做 PPT、进行演讲汇报等，这些被视为导向员工"做表演"，而不是导向他们通过工作创造价值；改革后，员工不用准备 PPT 等材料，考核机制和流程更加简单。

四是更加看重能力。改革前，员工需要通过由不同部门评委组成的通道评审答辩，而评委可能对他们的专业领域不甚了解，而且比起平时的工作成绩，员工只要会演讲、会做 PPT 就会获得评委的认可，从而得到晋升的机会；改革后，晋升权下放，员工能更专注于工作本身和个人业务能力的提升，不为短期绩效而工作，而是会将精力聚焦在那些更有创造性价值的业务上。

---

[1] 强制分布要求高、中、低绩效分别有一定比例，低绩效用星号标注。所谓被考核者"背星"，就是指被考核者需共同承担低绩效结果。

谷歌为何而变

几乎在同一时期，谷歌也宣布在绩效管理中启用新工具GRAD，目的也在于简化考核。谷歌的OKR过于内卷是不争的事实，但大企业绝不会仅仅因此而调整管理制度。谷歌此次的调整也有两个时代背景。

一是谷歌与其他数字化科技公司一样，收获了疫情红利，即这类公司因为消费行为的线上化而获得了增长。

二是美联储一直推崇无限量化宽松，导致了一定程度上的通胀，客观上也推动了企业的业绩提升和市值增长。也就是说，这类企业看似发展得越来越好了。

企业好了之后，员工如何获益？这是时代抛给这些企业的问题。显然，后疫情时代，谷歌必须在人才策略上有所调整。

人才市场环境上的三个变化也使谷歌不得不改变。

宏观上，这是应对美国的大辞职时代（Great Resignation）的无奈之举。美国的辞职浪潮使诸多职场人宁愿躺平也不愿回到职场。这主要有两个方面原因。从心理账上看，疫情极大地改变了人们对工作的看法，有一部分人对在不确定因素众多的情况中重返办公室感到不安；从经济账上看，高企的通胀也助推了辞职潮。美国消费者物价指数连续上涨，创30多年以来新高。虽然，2021年底，美国全职员工的周薪同比增长了，但依然远低于通胀率。很多人宁愿拿着失业补贴去消费，也不愿去工作。

中观上，这是应对各大数字化科技公司人才争夺战的无奈落子。当前，谷歌的竞争对手都在通过给员工加薪的方式度过大辞职时代。

2022 年 2 月 7 日，亚马逊公司向员工发出一份内部备忘录，并且宣布将美国员工的基本工资上限提高到 35 万美元，这是之前大多数员工工资上限的两倍多。

随后，微软公司也跟进，其 CEO 萨提亚·纳德拉（Satya Nadella）于 5 月 16 日宣布，由于劳动力市场渐趋紧张，通胀居高不下，为阻止员工去竞争对手公司，公司决定通过股票和绩效提升来给员工加薪，9 月 1 日起生效。

显然，如果谷歌不采取类似措施，就相当于变相给员工降薪，人才必然遭遇抢夺。毫无疑问，谷歌作为世界头部企业，其人才早已让竞争对手垂涎三尺。

微观上，近年来，谷歌的薪酬满意度一直不高，到了必须要改变的时候。2022 年，在谷歌名为 Googlegeist 的员工调查中，员工在"与其他公司类似工作的薪酬相比"的选项上，给谷歌的评分尤其低。另外，员工在"业绩评估过程"和"职业发展机会"的选项上同样也给出了低分。

为应对不断飙升的通胀，谷歌已经对高管实施了加薪。但谷歌高层曾明确表示，不会对员工进行薪资普调来应对通胀问题。也就是说，高管加薪畅通无阻，员工加薪举步维艰。这显然让谷歌员工颇为失望，他们一直在通过各种渠道向管理层表达对收入的担忧。

谷歌 CEO 桑达尔·皮查伊（Sundar Pichai）一直认为，薪酬是员工满意度的关键指标，但在薪酬上，谷歌近年来显然表现不佳，再不改变可能会造成严重后果。

GRAD 是升级吗

关于 GRAD，谷歌的官方说法是，GRAD 不需要让员工和其团队有太多的准备，但员工仍需要在全年内与经理保持联络、获取反馈并规划职业发展，而且每年只需要接受一次绩效评级。

作为业界标杆，谷歌在管理上的新动作势必引起业界关注。但在 2022 年的一次员工大会上，谷歌搜索业务负责人普拉巴卡尔·拉格哈万（Prabhakar Raghavan）却特别要求大家对 GRAD 保密，就连通常愿意对外发声的某位负责人也在邮件中明确回复："没有其他信息可分享。"

虽然目前关于 GRAD 的信息相对有限，但我们还是根据现有资料对其进行了整理和分析。

- **考核频率**。取消每年两次的绩效考核，改为全新的、每年一次 GRAD 考核。
- **晋升频率**。在这种新制度下，尽管每年一考核，但员工仍然可以每年要求升职两次。
- **沟通模式**。每个季度，员工将与经理定期讨论职业发展等问题，解决员工的核心抱怨。
- **评估主体**。由过去高度依赖同行评价转为由管理层对员工晋升进行集体评议，无须逐一沟通。直接上级也需要承担绩效考核的文本工作，说明员工是否达到晋升的水平。换句话说，员工无须用实际工作成果证明其可以在未来的岗位上获得成功，全凭上级判断。
- **系统工具**。新的绩效考核系统将为员工提供一种新的工具，用于设定目标预期和他们的 OKR。
- **评估刻度**。评级重新被分为五级，意在衡量员工在谷歌内部到底发挥了多大的作用。具体来说，大多数员工将处于中间等级，代表着他们正在产生的重大影响；中间以下的两个等级是"中等影响"和"影响不够"；上面的两个等级是"杰出影响"和"变革性影响"。

这已经不是谷歌第一次调整其绩效考核系统了。2013 年之前，谷歌是每个季度绩效评估一次，与 OKR 的周期完全一致；2013 年，谷歌正式优化了其绩效考核系统 Perf，考核周期由季度改为半年。显然，这种调整是在为绩效考核工作减负。

本次启用 GRAD 似乎是在持续减负。概括起来说就是考核频率变低了，沟通频率变多了；正式文本交流变少了，非正式交流变多了；评估主体变少了，评估标准聚焦了（上级决定）；评估刻度被重新定义了，更加简洁清晰了。

这样做的好处显而易见。一是保持了与其他数字化科技公司在人才争夺上的竞争力。如果谷歌不重视员工的声音，可能就会失去一大批员工。二是解决了员工对绩效考核系统的抱怨。内部调研显示，47% 的员工认为原来的绩效评估系统浪费了太多时间，员工需要用无数的文本来换取公司对于自己绩效的认可，反而没时间做正事，这在客观上导致了薪酬的性价比不高。

此外，虽然谷歌没有表示会直接给员工加薪，但其正在对员工的薪酬和晋升方式进行根本性的改变。可以预期的是，大多数谷歌员工都将获得更高的薪酬。

绩效管理大逃亡

显然，腾讯和谷歌都在去 KPI 的思路上简化了考核。本质上，二者都是通过这种手段来回避考核类管理工具（包括 KPI 和 OKR）的瑕疵，一方面是顺应民意，另一方面则是达到降低管理成本的目的。

> 腾讯表示，希望通过优化升级人才评估体系来简化评估方式，提升管理效率，澄清理念导向。公司鼓励长期主义，引导员工以实在的工作业绩、价值贡献论英雄、拿回报，不论资排辈。
>
> 在 GRAD 的相关文件中，谷歌称希望减轻绩效评估给员工带来的负担，以此减少文书工作量，并从影响力角度关注员工的动向，彻底改革其绩效评估流程，以促进员工晋升，从而缓解员工与领导层在薪酬问题上的紧张关系。

我们推测，两家公司所谓的优化或升级在本质上就是一场绩效管理大逃亡，这意味着它们走上了一条颇为冒险的道路，追求一种更为粗放的精英式自组织管理。企业业绩飞升时，这类变革无伤大雅，会得到员工的高度认同；但当企业发展受阻时，这种绩效管理模式能否引领企业突出重围？犹未可知。

改革真的有助于回避问题吗？我们暂且以披露了更多信息的腾讯为例来进行分析。

第一，虽然腾讯官方的文件中没有提及绩效考核强制分布的比例，但是通过脉脉上腾讯内部员工的消息，其依旧有"欠佳"的比例大于 5% 的要求，也就是说，其强制分布的做法本质上没有改变。绩效评价结果没有通过更细颗粒度的考核来拉开差距，而是通过强制分布使考核差距变大，仍然没有改变过去的问题。原来，很多员工是为了不"背星"、不被优化而一个比一个下班晚；现在，内卷似乎并未改变。

第二，绩效考核的目的是让员工受到绩效指标的具象化牵引，提高行动积极性，但考核周期的延长会促使员工出现因牵引力不足而"放养"的现象。

第三，绩效考核等级的简化使考核颗粒度增大，员工与员工之间的差距变小。此时，如果再用强制分布来分类，那么其公平性必然会受到更多质疑。穆胜咨询的研究显示，强制分布的评估方式会形成一个被我们称为"考核放大率"的指标，这个指标的数值一旦超过 2，被考核者可能就会产生强烈的不公平感，体现为绩效投诉案件迅速增加（如图 4-4 所示）。

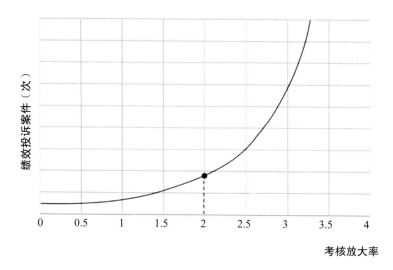

图 4-4 考核放大率与绩效投诉事件的关系

资料来源：穆胜咨询。

第四，晋升权力的下放和由部门申报 12 级及以上的员工晋升使管理者的权力更大了，可能会加剧"一言堂"现象，这极有可能导致绩效管理制度走偏。

简化考核的好处和坏处显而易见。好处是简单直接，考核成本较低，让想做事的人能集中精力做事；坏处是导致权力过度集中，高度依赖管理人员的能力和意愿，可能导致企业"江湖化"，滋生大量的"匪帮管理者"，导致高层失去对企业的控制，吞噬企业文化的根基。

我们以腾讯为例，预测一下这种操作后续的"剧情"。

第一个预测是，为了满足管理需求，腾讯 ABC 三档绩效等级会重新加档，出现 b+ 和 b−。同为互联网巨头企业的阿里之前从原先的 5 分制，即 5、4、3.75、3.5、3.25、3 改为三档 3.75、3.5、3.25，后来由于绩效等级太少，无法体现员工的差距，因此又增加了 3.5+ 和 3.5− 两档。粗颗粒的评价只能一时缓解评级矛盾，但无法满足管理需求，治标不治本。

第二个预测是，由于管理人员权力过大，因此组织在一定程度上会出现"江湖化"、懒政滥权等现象。为此，腾讯会进行一系列的干部整风运动，倡导客户为中心、奋斗者为本、价值为纲等理念。

第三个预测是，此次改革后，腾讯的考核周期拉长可能会导致对员工牵引力不足。未来，腾讯会在缺乏指标考核的长周期内出现一系列"变种考核"（如以复盘、对齐、拉平等形式呈现），从而达到及时牵引员工的目的，避免工作失焦。

谷歌的故事不会跳出上述走向，也不会出现差异化的剧情。本质上，它们面对的是同一道难题，给出的却也是相似的答案。这个答案虽然看起来短期有效，也必然会引领一阵效仿的风潮，但没有解决问题。

第 5 章

花名替代职级：官僚依然官僚

人们曾经坚持认为，职级是传统的金字塔形组织的产物，不仅会限制底层创意的释放，还会让企业充满官僚味，降低效率。于是，互联网商业世界的巨头们自诞生开始就强调去职级化，并竭尽所能地淡化职级，各种操作可谓层出不穷。

字节跳动公司自诞生起就号称不提倡职级概念，所以内部职级严格保密，同事之间互称"同学"……一系列操作把弱化职级贯彻得很彻底。

阿里也在 2020 年 8 月采取了类似措施，钉钉、内网等处不再显示 P 序列员工的具体职位和职级，只显示所属部门和业务方向。

2020 年 9 月，网易"抄作业"般地发布通知，要求在内部沟通中去掉"哥""姐""总"等称呼，改用昵称代替。

与淡化职级同步进行的，还有创建花名文化。互联网巨头企业的美好预期是这样做不仅去掉了官阶，还让大家相互以颇有亲和力的花名来称呼，这不是更平等了吗？

不仅如此，花名还被当成了演绎企业文化的载体，各巨头企业的花名越玩越"花"。

> 阿里喜欢用武侠小说中人物的名字作为花名；拼多多的前身拼好货，其早期团队的元老都用水果和蔬菜的名字作为花名；贝壳找房的员工用动漫人物的名字作为花名，如佩奇、阿甘等；饿了么的员工的花名更丰富，如葫芦娃、大米、小金刚等；三只松鼠虽然体量不如巨头企业，也不是互联网公司，但也积极对标，其员工以"鼠"姓来取花名，如创始人章燎原自称"松鼠老爹"，其他人更有鼠小野、鼠阿飞等……

放眼一看，各大互联网企业似乎纷纷加入了花名俱乐部。这种标杆效应也影响并带动了其他企业。据不完全统计，杭州80%以上互联网企业的员工都在使用花名。

为何要淡化职级

从表面上看，互联网巨头企业淡化职级的原因基本可以归纳为以下三点。

第一，淡化职级是去官僚化的诉求。随着企业规模的扩大，分工会变细，层级会增加，流程会增多，这自然会导致出现"部门墙""隔热层"和"流程桶"等现象，大企业病由此现形，企业变得效率低下。

职级既划定了管辖范围，又明确了权力等级，自然被视为大企业病的集中体现。互联网巨头企业的高管们逐渐意识到这一问题，想要做出改变。

第二，淡化职级是释放创新的需要。当职级等同于企业内部话语权时，企业可能就会失去创新。当主管或者员工经常说"我级别高，听我的""大佬说了算"时，有创意的声音可能会消失殆尽。对于互联网巨头企业来说，这可能是致命的，因为当前竞争已经进入了白热化阶段。据说腾讯内部曾做出反思，认为组织的僵化导致其在信息流和短视频赛道上接连"漏球"，并在互联网进入下半场时后知后觉。实际上，互联网巨头企业的生命线就是创新。

第三，淡化职级是为了缓解增长红利消失的焦虑。当前，互联网商业世界的增长红利逐渐消失，某些互联网巨头企业也已经成为政策规制的焦点，甚至成为舆论的众矢之的。2022 年，互联网巨头企业屡次传出调整组织的传闻，或是精简机构，或是裁员。其中，简化管理是一种典型做法，比如阿里之前取消周报、不鼓励低效加班和会议等。淡化职级也是简化管理、提高效率的一种尝试。这都是为了能在"寒冬"中活下去。

当然，除了上述原因，坊间对互联网巨头企业淡化职级也有以下大胆猜想。

一是解决定级矛盾。晋升决策（晋级晋档）是企业最大的矛盾来源。所有企业都面临"新旧倒挂"问题，即空降新人随行就市的高薪和高职级使老员工产生了不公平感。如果仅有"密薪制"，大家通过职级还是能猜出大概薪酬，但有了"密级制"，似乎这个问题也解决了。

二是组织架构保密。互联网企业的组织架构直接体现了其在业务上的排兵布阵，体现了高层的战略意图，所以被视为一项机密。例如，有心人完全可以通过职级与汇报线关系顺藤摸瓜，还原出一家企业的组织架构；某项业务上一把手的级别实际上就体现着企业对这项业务的重视程度。尽管这种隐藏是暂时的，但对于瞬息万变的互联网商业世界而言，如果一时的隐藏能为企业赢得战略先机，那就足够了。

三是避免负面的社会影响。有人认为，这种方式可以帮助企业更灵活地处理内部管理和公共关系问题。例如，如果企业内部出现高职级人员违纪的情况，就可以灵活处理，以尽可能降低负面的社会影响。

藏不住也要藏

但是，组织中的职级真能藏得住吗？社交平台上有一些很有意思的评价，总结起来就是，只要有沟通，就有信息传递；只要有信息传递，就可以借助各种信息碎片拼凑出一张权力格局图。

有经验的职场人可以根据汇报线推算出职级，更厉害的人能够根据对方的气质、谈吐猜出个大概。隐藏职级这种行为本身就有掩耳盗铃的意味。换句话说，没有显示职级只是表面现象，领导者的气质和官威还摆在那里。

在阿里，虽然表面上没有职级，但是昵称和花名本身就是职级。例如，马云的花名是"风清扬"，这个名字本身平平无奇，是马云使员工对他的花名有了仰望；阿里内部曾有个很有意思的固定句式，即"这个事情就算说到老逍（指花名'逍遥子'的前任 CEO 张勇）那里，也是我有道理"。不妨细品，没有提 CEO，提的是"老逍"。表面上，说这句话的人体现的是自己就事论事，是贯彻领导意图，是公司忠实的执行者，而实际上体现的是自己可以直达天听。所以，到底是"阿里味"还是"官僚味"？甚至，有互联网巨头企业的员工在某职场社交平台上一针见血地指出，虽然表面上没有职级，但实际上还是有的，只是称谓变了而已。

既然隐藏不住，既然职级牢不可破，那么企业隐藏职级的行为还有意义吗？我们发现，这样的操作带来了正反两个方面的反馈。

一方面，隐藏职级有一定的积极意义。尽管职级不一定完全藏得住，但依然有部分积极评价。这主要体现在员工认为隐藏职级代表了企业的一种态度，至少能让沟通少些官僚味，双方能够实事求是地讨论问题。一位阿里员工就曾表示："之前在内部跨部门协作时，如果看到对方是'高 P'，与他沟通时就会有所顾忌，甚至能绕开就绕开；现在隐藏职级后，我会更敢于沟通。"遇到问题时，人们难免会出现分歧。级别高的人并不一定总是对的。当团队成员一起讨论问题时，隐藏职级可以让大家不必看高职级者的脸色，而是畅所欲言。这样的平等沟通显然是企业文化中需要宣扬和鼓励的。

这种正面影响实际上也仅能对那种愿意表达的员工起作用，甚至他们可能已经知道了对方实际的职级，但公司提供了隐藏职级的制度，让他们可以装作不知道职级，从而获得了表达空间。对于职场老江湖，即使有这样的制度，他们也宁愿"屈服于"上级的官威而不愿表达。

另一方面，隐藏职级具有较大的消极意义，这也是当前相对主流的评价。不少互联网巨头企业的员工认为，这种制度会让招聘、晋升处于黑箱之中，没有关系的人永远看不到希望。例如，有的企业相对"江湖化"，原来就有很多员工质疑企业内部的晋升机制，而现在，在评价机制不透明的情况下，隐藏职级更容易使晋升处于黑箱中，难免会引人不快。甚至有人认为，不讲职级的结果就是晋升全凭上级的意愿。

一场游戏一场空

毫无疑问，隐藏职级这个简单的动作既不足以去官僚化、释放创新、提升企业效率，也不足以改造组织。更重要的是，这个动作可能还有负面效果。职级本身确定了企业内部的责权分配，是组织层面最重要的信息之一，隐藏这一关键信息可能会造成人力资源工作的全面塌陷。

人才成长是梯队逻辑，不是个案逻辑。这意味着一个人才的成长一定是对标梯队前列，并学习和模仿，而后实现自我提升。在隐藏职级的情况下，如果一位员工想要向更高一级晋升时，他可能根本就不知道该向谁学习，只能凭借自己的感觉来培养自己的能力，这一定是低效率的。

我们再来看看 360 环评。要评价一个人，首先要了解他的责权范围，然后才能对他是否胜任做出评价。例如，我们对一名总监的要求和对一位经理的要求显然是不同的。在隐藏职级后，评价者根本不知道评价基准，也没有可参考对象，这就会造成评价时只能跟着感觉走，使评价本身失去了意义。

在一个没有明确责权边界的企业里会出现什么现象？

答案可能让人咋舌：淡化职级既没有去官僚化，反而加剧了抱团现象。在没有规则的生存环境中，找到同伴抱团取暖，避免被明枪暗箭猎杀，这会是大多数成年人的选择。于是，"江湖化"的企业会更加"江湖化"，没了正式的职级傍身就必须要有大哥的"江湖传说"。

"去职级化""薪酬透明化"是未来平台型组织发展的必然产物。在平台型组织中，员工将围绕客户创造价值，赚取市场收益，分享经营利润。在这种环境中，职级不重要，赚钱才重要。

即使不以是否转型平台型组织作为标准，企业要淡化或隐藏职级也必须具备以下两个前提：

- 组织架构极其扁平，可以近似实现员工无边界协作；
- 考核评价非常公平，且后续的激励和晋升也极为公平，以至于这些利益敏感因素在放入黑箱后依然不会遭质疑。

但是，当前 99% 的企业依然采用的是金字塔形组织模式，根本无法实现上述两个条件。此时，强行淡化或隐藏职级就会滋生若干奇葩现象。说到底，一顿操作猛如虎，定睛一看原地杵。

淡化职级？不存在的！

执着于花名，意欲何为

说完了职级，我们再谈谈花名。互联网巨头企业的花名文化应该是自阿里开始的。

最开始，阿里的花名大多出自金庸的小说。如今，阿里员工人数超22万，新员工再也无法从金庸的小说中获得灵感，阿里索性开放了花名限制：员工可以自由发挥，偏武侠风最优，但人物必须是正面形象，且要符合阿里的价值观；花名不能超过四个字，且P10以下的员工的花名只能是两个字；花名确认后不可修改，离职后不复用。于是，连"汉庭""七天""如家""土豪""良心""道德""鸭脖"等奇葩花名都被采用，员工们还据此编成了若干搞笑段子。

网易在2020年9月1日发布通知，倡导员工平等交流，内部沟通时去掉"哥""姐""总"等称呼，使用昵称。昵称有如下要求：积极向上，符合自我理想人设；可使用2～3个汉字或20个以内的英文字母，不支持中英、数字、空格或特殊字符组合；避免使用带有辈分或上下级关系含义的字词；避免使用完整本名等。自此，网易也加入了"花名俱乐部"。此消息发出后一度导致内部系统崩溃，"富贵""二狗""翠花"等接地气的名字被迅速占领。

"花名"还有另一种变形——工号。华为一开始使用1、2、3、4、5……顺序编号，但是随着企业人数的不断增加，不论职级高低，大家一看工号就知道是不是元老。于是，华为收回所有工牌，重新编号，再随机发放。现在，华为每隔一段时间就会重复这个动作，目的是防止员工"顺藤摸瓜"找出权力条线。实际上，这样做的逻辑与用花名替代头衔的逻辑基本相同。

为什么要使用花名

无论是使用昵称、武侠小说人物名还是工号，互联网公司选择使用花名的原因基本都可以总结为以下几点。

第一，促进扁平化管理，营造开放氛围，去除官僚化。现在，互联网企业讲究组织结构扁平化，叫花名逐渐成为一家企业开放、扁平的象征，有效地弱化了上下级概念。甚至，花名还使职场社交的氛围变得友善，能快速拉近同事之间的距离。另外，这种顺口且易于记忆的代号也提高了沟通效率。

第二，增强员工归属感。几乎所有存在花名制度的互联网企业都规定，花名一旦设定就不可更改，将伴随员工在这家企业中的整个职业生涯。这种"终身制"花名让员工产生了强烈的归属感，因为这段职场经历是从自己用花名重新定义自己开始的。这就像在一个社交平台上从头开始经营一个账号，有点"养成系游戏"的意思。

深谙花名奥妙的互联网巨头企业的管理者也品出了花名的其他意义。我们做了以下简单总结。

一是降低业务风险。有些员工认为："这样做是把工作人员抽象化，降低具体个人对同事和客户的影响力。设置特定岗位的昵称，客户只对接昵称，换个人依旧是这个名字。"这样一来，业务就不会因为人员的更替而出现停滞。此外，不暴露员工的真实姓名也降低了被挖墙脚的风险。

二是强化组织权威。随着互联网巨头企业的花名文化之风盛行，一些媒体的批评也随之而来，最典型的质疑是，这样做是不是在对员工进行"洗脑"。这些批评也与互联网巨头企业内部的一些反对声音相呼应。员工都在抱怨，只用花名交流切断了他们原有的社会关系，将他们的生活与工作完全割裂开，同事们仅在工作场所交流，很难了解彼此的其他信息。一位在巨头企业工作的员工表示："如果公司只使用花名，员工连其他人的名字都不知道，交往中可能总会隔着一层，无法交心做朋友；还可能总认为对方只是一个代号、一个过客，因此更加肆无忌惮、层级分明。"另一位在巨头企业工作的员工也说："使用花名会减少对人性的感知，你可能从入职到离职都不知道这个人的名字，有一天这个人离职了，你也会觉得只是一位网友消失了。"

三是紧随互联网潮流。很多企业跟风学习，觉得不起花名不够"互联网"。这些企业不在意花名背后的底层逻辑，只要能赶上这波潮流就可以。

治标不治本

整体来看，互联网企业选择起花名的初衷是为了去官僚化。但仅仅这样做就能去官僚化吗？

当花名和某个人绑定时，花名就是职级，依然存在官僚化。企业发展初期，武侠小说中的英雄人物或一些好记的名字会被优先选用，后续入职的人只能用一些"边角料"的名字。企业为了彰显大格局，规定花名不可重复，且离职后花名不复用。时间一长，员工提起某个花名，都知道是哪个大佬，花名约等于职级，官僚主义依然存在。

同时，花名本身也暗藏玄机。在阿里，花名的字数代表职级，核心高管可以使用三个字的花名，其他人都要使用两个字的花名。在拼多多，花名有辈分一说。内部人都知道花名中带"阿"字的人不能得罪，花名叫水果蔬菜的人一般都位高权重。

事实上，不少企业已经形成了按辈分起花名的规则，例如固定第一个字，甚至出现了"师兄赐名"的情况。有初入巨头企业的新人更是抱怨，原来以为随便取个代号就行，无意中却发现有辈分和各种奇葩的"潜规则"，花名不是你想取什么就能取什么的。花名原本是为了避免等级森严带来弊端而出现的一种工具，现在却在某些企业内部演变成一种划分等级的新工具，完全违背了它去官僚化的初衷。起花名只能治标却无法治本，只是从外在弱化了上下级概念而已。

之所以出现这样的扭曲，本质上还是因为平等意识不够。在某些互联网巨头企业，员工们仅仅是对上一级直呼花名，对于更往上的层级依然称"××老师"。说到底，儒家文化基因的社会讲究差序关系，这种意识是根植于骨子里的。花名可能是"规则"，但不太可能成为"文化"。

现实是，花名已经成了让员工将工作与生活划分界限的一种手段。

企业表面上以扁平化为借口，用"花名"相称，拉近上下级关系，实际充满了职场 PUA 话术，各种文化盛行。说得更直白一些，在花名的"场域"里，领导可以用一种更加隐蔽的方式来压榨员工。一叫花名，员工就感觉必须整装待发，进入工作状态了。这的确是不少企业期待出现的队伍状态，但这种状态一旦被一些不作为的领导滥用，花名就成了职场 PUA 的帮凶。真正对员工有同理心的企业不会视而不见。

应该继续玩花名吗

基于以上种种，我们应该如何正确看待花名呢？互联网巨头企业还应该继续使用花名吗？对此，穆胜博士有以下观点。

第一，有了官僚不承认自己有，还用花名来"装"平权，这本身就很虚伪。虽然企业的价值观可以多元化，但"虚伪"绝对不应该在列。以我们所接触的杭州某企业为例。在介绍其花名文化时，高管宣扬企业充满活力、主张平等，但无论是高管之间对话的方式，还是他们待人接物的方式，无处不充斥着官僚与"油腻"。我们通过简单接触就能发现的事情，难道其员工会发现不了？

第二，花名是一套代码，运行这套代码有成本，如果收益不足而成本却持续增加，那这个事情就不够划算。我们接触的不少企业都跟风叫了花名，但实际上都是两套系统在并行，不同的同事在不同场景下使用不同的代码，有些人的花名别人根本不叫。实际上，各种小麻烦还真不少，加上根本没有去除官僚化，用不用花名其实没有太大意义。

第三，花名好不好使，其实古人已经给出了答案。《水浒传》中，108 将都有花名，相互之间也称"哥哥"，结果呢？从组织管理角度看，梁山团队是匪帮中的匪帮，官僚中的官僚，失败中的失败。

除了上述几个简单犀利的观点，我认为，第一，企业里可以有花名，但不应该作为一种制度，投入过多的成本来实施，也不应该被寄予太高的功能预期。花名应该是自发产生的，这种花名显然可以润滑人际沟通，但也仅限于这一功能。如果组织要求每个人都取花名，还为此实施严格的管理制度，就没有必要了。第二，管理企业时应界定职责，给予员工空间，评价价值，公平激励。官僚化的本质在于官阶的能量大于一切，大家不看贡献，只比职级。在本质上，这不是强调职级，只是没分清贡献。换言之，当一家企业分不清贡献的时候，职级自然就会被强化，因为总要有一种信号来指挥员工的行动。当你建立了一个组织，有了分工和层级，权威自然就被激活了。此时，只有通过建立绩效为主的价值评价系统，才能平抑权威，让企业向员工倾斜。

第 6 章

弹性工作：幻想人人为爱发电

2022 年，在流量红利见顶后，互联网巨头企业把"降本"提上了日程，开始了一系列操作，有的裁员，有的降薪，有的降年终奖，有的减福利……

但是，这些动作似乎并没有达到预期结果，也很难让巨头们走出困境，于是它们开始将目光转移至"增效"，而主要手段也朴实到让人大跌眼镜——加强考勤管理。

好熟悉的手段！一向标榜灵活打卡、自主决定工作时间的互联网巨头企业也开始加强考勤管理了？

互联网巨头企业曾一度倡导弹性工作制。这种听起来自由、灵活的工作氛围使多少毕业生心生向往。

在小米创立之初，创始人雷军在接受媒体采访时说，自己最不喜欢开会，所以创办了一家不洗脑、不开会、上班不需要打卡、没有 KPI 的公司。

百度创始人李彦宏曾任职于美国硅谷的搜索引擎公司 Infoseek。回国后，他直接将"硅谷模式"接入百度，在公司内部实行灵活打卡制

> 度，并且不强制办公地点。
>
> 2017 年，腾讯官方在回应员工因公司福利主动加班的传言时表示，公司提倡弹性工作，绝大多数部门没有打卡上下班的时间。

如今，标榜弹性工作制的互联网巨头们好像重新拾起了它们最看不上的模式。这是成长，还是倒退？

弹性工作制的前世今生

20 世纪 60 年代，德国经济学家威廉·哈勒（Wilhelm Haller）首次提出了"弹性工作制"这个概念。

弹性工作制是指在完成规定的任务或者在规定的时间长度的前提下，员工可以自由、灵活地选择具体的工作时间。这种设计最初是为了缓解交通早晚高峰带给员工的压力，以及改善通勤时间较长的员工的睡眠情况。随着科学技术的发展和互联网技术的普及，衍生出居家办公、远程办公等基于空间的"弹性"形式，即员工可以在除公司规定的地点之外自由选择办公地点。2020 年新冠疫情暴发，弹性工作制再次成为热门话题，居家办公成为诸多行业的常态。

弹性工作制被提出之后就凭借其自由、灵活等特点在发达国家快速发展。如今，有超 40% 的大型企业尝试在局部引入弹性工作制，包括惠普公司、施乐公司等国际著名企业；日本的日立制造所、富士重工业、三菱电机等知名企业也都纷纷加入弹性工作制改革的浪潮。

从国外企业的反馈来看，弹性工作制深受劳资双方欢迎主要有以下两个原因。

一方面，这种方法可以提升员工的工作体验。这种简单的"弹性"调整让员工收获了实惠，即他们可以付出更少的周边成本，而将精力聚焦于工作本身。惠普公司创始人戴维·帕卡德（David Packard）曾说："在我看来，弹性工作制是尊重和信任人的本质。"

另一方面，企业可以用这种方法算一笔经济账。2020 年 5 月，扎克伯格在接受媒体访谈时直言不讳："未来五到十年内，Facebook 有 50% 的员工将会远程工作，我们就是要在美国的二三线城市大举招人，这样一来可能会节省大笔的员工工资。"谷歌 CEO 桑达尔·皮查伊在 2020 年给员工的电子邮件中，将弹性工作制带来的好处概括为"更高的生产力、协作和幸福感"。

在我国，实施弹性工作制的历史要追溯到十几年前。2007 年，北京市人大代表刘国祥提出合理调整上下班时间的建议，建议推行弹性工作制。同年 9 月，宝洁公司将弹性工作制带入我国职场。随后，北京在 IT 行业、科研单位试行了弹性工作制。据《北京日报》2011 年的报道，联想、NEC 等一些 IT 企业在当时已经实现弹性上班。大多数企业的具体做法是，把弹性上班时间控制在两小时的浮动区间内。换句话说，工作整体时长不变，但可以在原有的基础上灵活前移或后移，以实现错峰目的。

从当时的反馈来看，弹性工作制的确带来了积极影响。企业并没有损失员工的工作时间，员工也得以从北京拥堵的交通中寻找更经济的错峰空间。弹性工作制在国外企业的实施效果完美复刻到了国内。这种管理方法的确称得上一种进步。

互联网式弹性工作制

2013 年，我国的互联网行业发生了翻天覆地的变化，移动互联网浪潮开启。

国内的互联网巨头企业为了实现快速发展、迅速占领市场的目标，要求员工夜以继日、不分昼夜地工作，加班对员工而言已是家常便饭。员工会因为前一天加班而希望自发调整第二天的上班时间。考虑到这个原因，也为了降低早高峰出行的成本，年轻的互联网企业默许了这一行为。

此外，更有互联网企业认为其员工是在进行创造性工作，考勤打卡反而会约束创造力，于是在这种浪漫想法的驱动下，干脆宣布员工可以不打卡，这几乎等同于废除了考勤制度。按理说，这样充分的信任应该会得到员工的拥护，但后续的剧情走向却并非如此。

现实是，本意为员工谋福利的弹性工作制在发展的过程中逐渐变了味，"弹性工作"变成了"无限义务"，员工的工作时长反而增加了。这是怎么回事呢？

以下这个例子很能说明问题。2017年，阿里合伙人、支付宝原总裁樊路远加入大文娱。刚到大文娱，他就发现了一个大问题：这里没有"阿里味"，到点就下班。他说："今天开会谈到12点，明天中午12点来的，在我们这儿不行。"他下令禁止这种行为，头天开会谈到半夜12点，第二天早晨9点还得到。

一名传统互联网一线企业的员工曾匿名在网络上吐槽："我们公司的弹性工作制变成了限制上班时间（10点）却没有下班指导时间的畸形制度，导致出现了'白天效率低，晚上都不走'的奇怪现象。"

客观来说，这种"变味"来自互联网企业家和高管们对于员工工作热情的高度关注。虽然互联网商业世界竞争激烈，不进则退，但企业如果不考虑为员工的额外付出支付明确的对价，那么这会被员工视为过度苛刻。

实际情况是，除了字节跳动公司在2022年开始反向操作外，其余互联网巨头企业基本还是采取"福报"模式，即用福利支出来换取员工的加班投入（如表6-1所示）。

表 6–1 互联网巨头企业的考勤规则

公司名称	工作时间	加班费核算和激励
腾讯	1. 多数部门不打卡，员工上下班时间相对自由，员工可以根据自身习惯选择错开高峰期上下班 2. 个别工作室推行周三 18：00 下班，其余时间必须在 21：00 之前下班，周末全面双休	1. 没有加班费 2. 6：00 ~ 9：00、18：00 ~ 22：00 有多趟班车 3. 晚餐免费，可选东来顺、麦当劳、稻香等工作餐以及 Image 咖啡馆 4. 22：00 后由公司出发回家的市内交通可以报销（广州地区为 21：30） 5. 24：00 有加班夜宵
字节跳动	"1075 工作制"，即 10：00 上班，19：00 下班，每周工作五天	1. 加班需申报，每周至少休息一天，每天加班不能超过三小时 2. 工作日加班工资为原有的 1.5 倍，休息日加班工资为原有的 2 倍，节假日加班工资为原有的 3 倍
阿里巴巴	1. 没有具体考勤时间，上下班无须打卡 2. 推行灵活办公，一周一天，鼓励有条件的团队去尝试	1. 没有加班费 2. 晚上去食堂吃饭有优惠券，22：00 后有免费夜宵 3. 平时有班车，可以去滨江、西溪园区，还有定期去上海的班车 4. 21：00 之后可以报销市内交通费
美团	1. 职能部门的工作时间为 9：00 ~ 18：00 2. 研发部门的工作时间为 10：00 ~ 19：00 3. 超过 10：00 算迟到，超过 10：30 算当天旷工	1. 没有加班费 2. 20：00 之后下班有餐补（价值 30 元），21：30 后可以报销市内交通费 3. HR 将综合月度打车费用计算人效
百度	1. 10：00 之前必须到岗 2. 正常 19：00 下班	1. 没有加班费 2. 通勤班车：从园区到地铁站，最晚到 23：00 3. 22：00 后可以报销市内交通费用 4. 加班有餐补

注：统计时间截止到 2023 年 2 月。
资料来源：穆胜咨询。

在制度层面，大多数互联网企业目前执行的弹性工作制为不固定坐班打卡时间，在规定时间内完成项目或任务即可，但工作时间的设定缺乏依据，自由度极大，完全由企业领导决策。这就导致出现了一种现象，即虽然没有任何一家企业在制度上明确设定"996"工作制，但是在企业实际经营中，员工却不得不为了在规定时间内完成规定任务而"自愿"加班。

弹性工作制失控

我们通过广泛调研发现，弹性工作制在实施的过程中已经有了偏离原本轨道的趋势，对企业产生了以下负面影响。

第一，缩短了有效工作时间。弹性工作制对员工的自制力有很强的要求，懒惰的员工可以利用弹性工作制的"弹性"大幅减少有效工作时间。

第二，降低了员工的合作效率。在工作中，我们需要沟通、交流与推进。如果员工的工作时间无法统一，那么每天等人齐再开会可能会浪费时间。当因为弹性工作而导致某些必要的或具有特殊技能的员工不在现场时，就有可能导致问题没有办法按时顺利解决，也会使管理人员的计划和控制工作很难执行，成本也更高。

第三，增加了管理人员的压力。虽然弹性工作给予了员工更多的自主性，但是如何安排工作、如何评估绩效、如何监控、如何长效管理，都在考验着企业管理人员的管理水平。如果管理人员无法提高其管理能力，他们很快就会陷入被动。

第四，致使不同岗位的"弹性"不公。现实的情况是，很多工作岗位并不适用弹性工作。这些岗位的工作性质要求在这些岗位上工作的人员必须与组织内外的其他人保持密切的关系，甚至需要他们时刻"在线"或随时待命。

弹性工作制的上述负面影响在互联网公司特殊的组织环境中被无限放大，主要表现为以下三点。

第一，弹性工作制"早晚双标"，弹晚不弹早。与传统行业不同，互联网行业的很多岗位都没有明显的工作时间限制和地点限制。一方面，用户全天候使用互联网服务，随时可能出现需要解决的问题；另一方面，员工虽然只需要一台联网电脑即可，但往往需要随时随地待命。有人在脉脉上匿名吐槽："上班不弹但下班要弹，我可以弹你吗？"

第二，弹性工作制成为雇佣双方劳动仲裁时的争议点。2019 年 3 月，腾讯以"不服从工作安排，经常迟到、早退，长期不在岗，严重违反劳动纪律"为由，与一名员工解除了劳动合同。而这名员工的说法是，腾讯一直实施弹性工作制，员工在工作日 18 点以后继续工作是常态，仅拿出 10 点～18 点的监控没有任何说服力。随后，这名员工在 2020 年先后向深圳仲裁委员会提请仲裁、向深圳市南山区人民法院和深圳市中级人民法院提出诉讼，但均未成功。弹性工作制似乎是互联网巨头企业默认的规矩，但由于相关条款并不是十分完善，因此如果公司以旷工为由开除员工，那么员工往往拿不出完整且合适的证据来维护自身权益。所谓的弹性工作制到底是"弹"还是"不弹"，不过在规则制定者的一念之间。

第三，弹性工作制与绩效考核相挂钩，逼迫员工"软加班"。当绩效考核需要计算工时的时候，弹性工作制便失去了纯粹。一位曾供职于互联网巨头企业的营销设计师向我吐槽公司的"打卡刷工时大赛"。事情缘于在一次会议上，领导告知员工绩效要看工时排序，末尾的人直接划为低绩效。于是，她只能兢兢业业地每天刷够 14 个小时工时。某天晚上 11 点，她发现隔壁同事也没走，正跷着二郎腿打游戏，两人对视了一下，心照不宣。当员工早早下班就意味着工作不饱和时，弹性工作制早已丧失了其原本的意义，带来的只是毫无意义的内卷。

巨头纠错996

当前，弹性工作制似乎已经成了加班的代名词，这与互联网巨头们最初描述的"上班不打卡"的浪漫大相径庭。但是，某些互联网企业家不仅没有反思管理问题，反而将畸形的加班要求美化为"福报"，自然引起了员工和社会舆论的强烈反感。网络上，弹性工作制与"加班""内卷""996""007"等现象遭到了强烈的炮轰。

有意思的是，大多数互联网企业对弹性工作制的现状也并不满意。人们认为，增加加班时间占到的便宜完全被员工效率下降抵消掉了。一位一线互联网企业经营管理团队的成员甚至告诉我："实行弹性工作制的实际效果比不实行弹性工作制还要差。"

一个美好的制度让双方都不开心也属实出乎人们的意料。于是，一度将考勤制度"浪漫化"的互联网巨头企业纷纷变脸并开始行动，严抓考勤（如图6–1所示）。

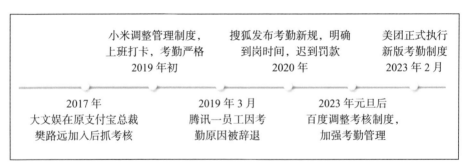

图6–1　互联网巨头企业调整考勤制度

资料来源：穆胜咨询。

2017 年 8 月，阿里合伙人、支付宝原总裁樊路远加入大文娱后开始严抓考核，规定员工的上班打卡时间。

2019 年前后，一度倡导扁平化管理、员工不用打卡的小米调整了管理制度。有小米员工反映，小米目前上班要打卡，而且在当年春节后，考勤尤其严格。

2020 年开年，搜狐发给员工的关于考勤新规的邮件显示，公司要求员工 9：30 前到岗，迟到一次罚款 500 元，最高处千元罚款。另有搜狐员工透露，此前搜狐对于迟到者的单次罚款仅为 5 元。

2022 年 11 月，阿里内部人士透露，某位排名前十的高管在抽查杭州总部某核心业务线办公室时发现，虽然已过上班打卡时间，但很多工位都没有人。从那时起，这位高管开始频繁在上班时间来到该业务线办公区，亲自严抓整个业务线的考勤，并规定员工上午 9：30 到公司，中午午休时间截止到 13：30。

2023 年元旦后，百度移动生态事业群组（MEG）被爆出开始加强考勤管理。多个团队被口头通知，早上 10：00 之前必须到岗。另外，工作日下班免费打车的时间将从 21：00 改成 22：00 点。不过，也有百度员工在脉脉上表示，此次调整考勤制度不仅限于 MEG，而是涉及所有部门。

2023 年 2 月 1 日，美团开始正式执行新的考勤制度：多部门要求 10：00 前必须到公司，职能部门的考勤时间为 9：00 ~ 18：00，研发部门的考勤时间为 10：00 ~ 19：00；全司提倡 9：00 上班，超过 10：00 到岗算迟到，超过 10：30 算当天旷工。美团对于此次调整考勤制度给出的原因是："希望大家把上午的时间更高效地利用起来；所有同学的出勤规则一致，不再区分序列和职级也有助于提高协作效率。"

互联网巨头企业的部分员工表示，他们支持这种调整。他们认为，加强考勤制度是好事，以前纯加班还不记录加班时长，对员工太不公平。但也有部分员工表示，如果前期不注重管理，讲究弹性，现在却突然要重新树立规则，这样做就是没给员工适应公司发展转型的机会。

小考勤，大风向

考勤制度的调整释放出一个信号：互联网巨头企业正从高速成长期，逐渐走向平稳成熟期，它们在这个阶段开始调整其管理方式来寻找"出路"也是应有之义。

以下，我们来分析一下互联网巨头企业聚焦考勤管理的原因。

第一，从数据上看，互联网巨头企业承受了人效下降的巨大压力。由于商业模式不同，因此我们选取美团、百度、小米的人均营收增长率和阿里人均交易额增长率这两个指标进行分析（如图 6-2 所示）。

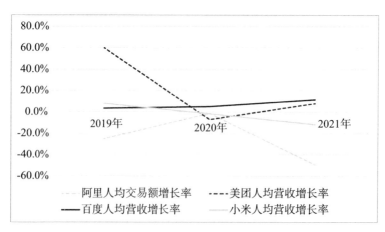

图 6-2　阿里、美团、百度、小米的人效增长率变化（2019—2021 年）

资料来源：根据阿里、美团、百度、小米等公司的财报整理。

整体来看，阿里人均交易额增长率始终处于坐标轴下方，也就是一直是负增长的；美团的人均营收增长率在 2020 年出现了断崖式下降趋势，下降至负增长，却在 2021 年出现反弹，增速重新回正；百度的人均营收增长率一直较稳定，且处于纵轴上方，看起来相对稳健；而小米的人均营收增长率逐年递减，从 2020 年开始负增长。

阿里、小米的业务一直高歌猛进，但人效居然在持续走低；美团以管理严谨、苦练基本功著称，居然也曾出现人效负增长。互联网巨头企业在人效问题上不进则退。

第二，人效的提升应该以建立规范的管理制度为基础。互联网行业发展初期，大多数企业都是"野蛮生长"。企业在这一时期的主要任务就是快速抢占市场、扩张地盘，所以管理制度会相对宽松，讲究更大的自由。随着流量红利逐渐消失，企业发展可能逐渐遇到瓶颈，而寻找新的业务增长点需要时间和成本。因此，互联网巨头企业要想平稳地度过这个时期，为后续新业务保存实力，就需要建立起能够在短时间内快速约束和支撑企业的规范的制度。考勤制度作为企业管理制度中最基础、最便于执行的管理制度，制定规范的考勤制度是巨头走向规范化管理的第一步。

第三，弹性工作制产生的问题已经造成了太多的麻烦。在弹性工作制下，技术岗位员工的工作时间通常是朝十晚九，多数员工还会加班至凌晨，而非技术岗位员工的工作时间通常为朝九晚六，不同岗位员工的工作时间不一致。这就可能会出现问题：明明今天就可以沟通的事情却因为其他同事已经下班而需要延后沟通。这会浪费大量的沟通成本，拉低组织的效率。规范考勤制度能够保证所有岗位上的员工工作时间一致，在一定程度上提升组织效率。

第四，考勤管理被作为加强绩效考核的手段之一。互联网巨头企业的绩效考核大多区分度不足，"3.5 普照大地""都是 B"已经是业内公开的笑话，即使有的企业进行强制分布，也是"轮流当英雄，轮流当壮士"。巨头企业绩效管理的技术有待提升已经是不争的事实，但如果绩效考核无法量化结果，追溯工作过程就成了一个退而求其次的选择。

所以，大多数公司在加强考勤管理后，下一步都会将考勤与绩效考核挂钩，用以约束员工。以美团为例，新考勤制度中规定，员工迟到一次算轻度违纪，年终绩效 ×0.8；迟到三次算中度违纪，年终绩效 ×0.5。

冷眼旁观"新物种"

我们不应仅仅把互联网弹性工作制视为简单的劳资关系问题，问题的本质还是在于人才管理的理念和方法。

一部分人可能真的被互联网浪潮里衍生的浪漫主义误导了。不考勤、灵活工作与"去KPI"一样，都是不靠谱的乌托邦式畅想。这种畅想在互联网巨头企业业绩彪炳时会受到追捧，实际上却是对管理常识的漠视。人性是趋利避害的，而很多互联网巨头企业却用情怀来回避制度设计，结果可想而知。试想，一个小孩拿到了一大笔财富，他既不练武功，又不配武器，还不请保镖，反而想象世界多美好，结果一定是个悲剧。

另一部分人则可能陷入了管理模式上的一个陷阱。福利是福利，工资是工资。福利被员工视为普惠，其定义本身也是如此。而在加班时，每位员工都会认为自己是付出更多的个体，他们不需要普惠，需要精准回报。不仅如此，这些认为自己付出更多的人一定会看到有人一边"划水"，一边蹭福利。如此一来，他们拿到手中的福利也就打了折扣。用福利来代替工资，效果显然不会太让人满意。

当然，在我与互联网企业高管交流的过程中，我也发现他们有这样一种观点：企业的待遇（工资、奖金、股份期权、福利等）够好了，员工不应该过多计较工作时间。企业整体薪酬水平高低是一回事，在员工内部的分配是否公平又是另一回事。员工虽然会因为薪酬高而留下，却可能因为感知到的分配不公而抱怨不断。

这些高管还有一个有意思的观点：你们努力工作，你该有的始终会给你。管理者不愿意投入过多的精力，只想让员工无限付出、为爱发电。从短期的成本上看，这样做肯定是最划算的；但从长期来看，这样做只会造就一个巨大的集权组织。现代社会的健康组织万万不能这样做。

第 7 章

人才盘点：找出真正的精兵强将

人才盘点的应用最早可以追溯到 20 世纪 50 年代。当时，美国通用电气公司（GE）由于引入多元业务，组织模式变得扁平化，各业务单元急需人才。为了解决这个问题，当时的 CEO 拉尔夫·科迪纳（Ralph Cordiner）建立了著名的 GE 克劳顿管理学院，同时也设计了人才盘点（Session C）[①]。可以说，GE 是现代企业人才盘点体系的先驱。

20 世纪 90 年代，经济全球化进程加快，世界先进的管理理论和方法开始在我国流行，人才盘点也随之被引入。但是，人才盘点受热捧还是源于互联网巨头企业的应用。

---

① GE 管理体系基础包括 Session Ⅰ（战略规划）、Session Ⅱ（财务管理）、Session C、Session D（合规评价）、Work-out（群策群力）、6 Sigma（质量管理）。其中，Session C 会议承接了企业的战略规划和财务管理，将它们落地为组织安排，是整个链条中相当重要的一环。Session C 会议于每年 4 月或 5 月进行，由 CEO 以及人力资源高级副总裁在各业务单元主持召开，其内容是评价和规划目前和未来企业跨部门的领导力发展，对组织的领导力和人才发展计划进行盘点和审查。

2008 年前后，马云提出："我们的公司越来越大，资产是桌子、椅子，每天盘一遍。为什么我们不盘一遍人？人也是集团的资产，所以每年要盘一下，就是要看一看人到底有没有增值。"2008 年，阿里开始了人才盘点，以业绩 – 价值观的二维矩阵对人才进行分类。

京东作为阿里的"一生之敌"，在人才盘点上倒是与对手殊途同归。刘强东在其著作《我的创业史》中提到，京东的战略、运营与管理主要靠几张表格，其中很重要的一张表格就是"能力 – 价值观体系表"，即以能力和价值观两个维度对人才进行盘点和分类管理。

字节跳动公司对外号称："不会做人才盘点的 HR，字节跳动公司不要。"张一鸣更是多次强调人才密度的重要性。

互联网企业极具说服力和感染力的陈述让无数其他企业豁然开朗。自此，人才盘点开始在国内企业（尤其是互联网企业）流行开来。

人才盘点真的如此神奇吗？互联网巨头企业的那些人才盘点"神器"是否真的靠谱？我们在本章中将以 BATM（字节跳动、阿里、腾讯和美团）四家巨头公司为例进行具体分析。

盘点模型

虽然人才盘点的核心是盘点模型，不同企业的盘点模型体现了其不同的人才观，但我们发现，互联网巨头企业的人才盘点模型有很大相似之处，并没有体现出它们在人才观上的差异。

BATM 的人才盘点模型主要有两个维度：一个维度是业绩或绩效[①]，是偏输出的、客观发生的结果；另一个维度是能力、潜力或价值观等偏"输入"的、员工状态的描述。在这个基础上，BATM 几乎都喜欢使用九宫格将人才分为九类（如图 7-1 至图 7-4 所示）。

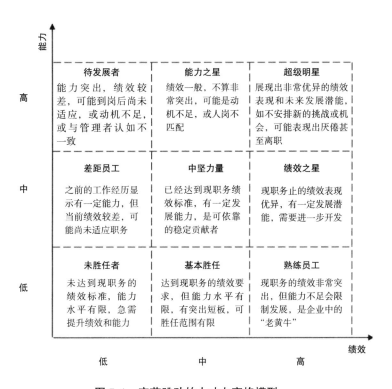

图 7-1 字节跳动的人才九宫格模型

资料来源：穆胜咨询。

[①] 在严格意义上，业绩与绩效的英文都应该是 performance，代表客观发生的结果。此处之所以加以区分，是因为互联网巨头企业人为演绎了"绩效"这个概念，我们将在后文中详细解释。

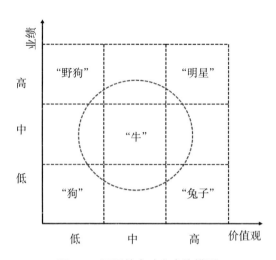

图 7-2 阿里的人才九宫格模型

资料来源：穆胜咨询。

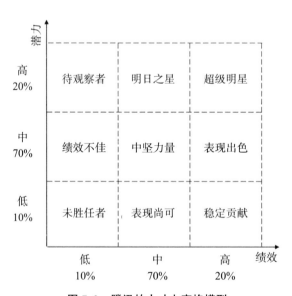

图 7-3 腾讯的人才九宫格模型

资料来源：穆胜咨询。

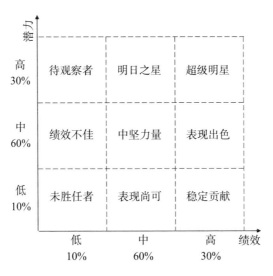

图 7-4　美团的人才九宫格模型

资料来源：穆胜咨询。

业绩或绩效维度

这一维度几乎是所有互联网巨头企业共同的选择。

在考核周期方面，四家巨头公司都是每半年进行一次绩效考核，但字节跳动比较特殊，除了每半年一次的绩效考核，每个季度还需要进行一次对绩效考核有重大影响的 OKR 复盘。

在考核指标方面，四家巨头公司主要进行的都是常规考核，包括计划完成度、任务交付质量、团队贡献等传统指标。由于传统指标的可考核性问题[①]，考核的公平性可能存在一定争议。考虑到这个原因，腾讯、美团、字节跳动都会在这个维度中加入"行为考核"，权重约为 30%。以字节跳动为例，这一维度

---

① 可考核性主要受限于指标准确性、目标值客观性、数据准确性等。

除了考核客观业绩，还会加入对"字节范儿"、投入度的考核，最终形成综合的"绩效"。相比之下，阿里仅仅考核业绩本身。

在考核主体方面，字节跳动由上级根据360环评的结果确定最终绩效；阿里和腾讯都是在自评基础之上由上级给出评价，腾讯还会参照平级的评估给出最终结果；美团则先由直接主管进行排名，再由总监级领导给出最终绩效。整体来看，上级的评价在很大程度上决定了绩效。

在评估等级方面，字节跳动的绩效等级最多，共有"F、I、M–、M、M+、E、E+、O"八个等级；阿里和美团的等级数量相同，但区间设置不同，阿里有"3.75、3.5+、3.5、3.5–、3.25"五个等级，美团则有"s、a、b、c、d"五个等级；腾讯简化考核后，绩效只有"突出、良好、欠佳"三个等级。虽然各巨头企业的绩效等级数量略有不同，但最终的结果基本都遵循"361"或者"271"的强制分布逻辑（如图7–5所示）。

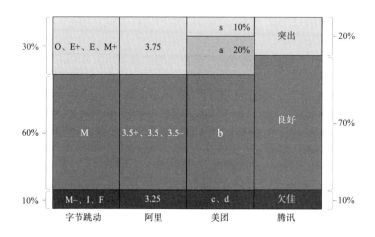

图7–5　BATM四巨头绩效等级分布对比图

注：各巨头、各部门实际分布比例略有不同。

资料来源：穆胜咨询。

能力、潜力或价值观维度

四家巨头公司在这一维度上的考核侧重点有所不同。具体来讲，能力主要看员工一年的行为表现（专业知识、管理能力）；而潜力主要看员工的自我意识、个性和动机等；价值观则是根据企业主张的价值观分解出企业期待的员工行为特征，进而评判员工行为是否匹配这些特征。值得一提的是，尽管评价的目标不同，但在评价方法上，这一维度主要都是通过行为观察来寻找更匹配企业的个性特质。

四家巨头公司在这一维度上的选择很好地体现了它们不同的人才观（如表7-1所示）。字节跳动注重员工的能力，强调人才密度；阿里强调价值观，追求员工队伍的"阿里味"；而腾讯和美团考察员工的潜力，风格偏向务实。

表 7-1　　　　　　　　　BATM 四巨头人才九宫格模型纵轴的考核对比

类型	字节跳动	阿里	腾讯	美团
纵轴坐标	能力	价值观	潜力	潜力
评价指标	• **资深人才：** 　✓ 理性 　✓ 逻辑 　✓ 修养 　✓ 企图心 　✓ 自我控制力 • **年轻人才：** 　✓ 乐观 　✓ 好奇心 　✓ 判断力 　✓ 延时满足 　✓ 不甘于平庸	• **腰部和头部管理者：**"九阳真经" • **基层员工和腿部管理者：**"新六脉神剑"	全球化组织咨询公司光辉国际（Korn Ferry）的学习能力判断工具： • 人际敏锐力 • 思维敏锐力 • 变革敏锐力 • 结果敏锐力	• 自我驱动 • 学习潜力 • 职业规划 ……
评价主体	N.A.	员工自评和主管评	业务群（BG）、HRBP 和部门负责人	直接主管和总监级

资料来源：穆胜咨询。

1. 字节跳动

字节跳动将人才区分为资深人才和年轻人才，而且对这两类人才的能力分别有五大核心要求。对资深人才的能力要求是理性、逻辑、修养、企图心和自我控制力。对年轻人才的能力要求是乐观、好奇心、判断力、延时满足和不甘于平庸。

尽管字节跳动对于能力考核有明确的要求，但对于其是否真正落实了这些考核，我们尚且不能确认。证据之一是，字节跳动的员工晋升、裁员、奖金发放、调薪都是根据绩效考核的结果进行的，考虑到绩效中已经包括了行为项，这里如果再进行一次考核似乎就没有必要了。另一个证据是，我们接触的多位字节跳动的 HR 均反馈，他们在实际工作中并没有使用九宫格模型。因此，我们有个大胆的推测：字节跳动的人才盘点模型，尤其是其中的能力维度，更像是一种导向，而非考核标准。

2. 阿里

阿里是一家异常重视文化渗透的企业，纵轴考核的是价值观。其中，基层员工和腿部管理者考核"新六脉神剑"的五条；而腰部和头部管理者则考核"九阳真经"价值观。

值得一提的是，尽管在价值观考核问题上遭受了诸多质疑，但阿里一直致力于让价值观考核落地。2001 年推行"独孤九剑"后，阿里就开始实行价值观考核；2004 年推行"六脉神剑"后，阿里开始实行通关制考核（即被考核者为价值观评价举证）；2013 年，阿里仍坚持"六脉神剑"，但将考核方式修改为 ABC 档位制；2019 年推行"新六脉神剑"至今，考核方式又变为更简单的"0-1"打分制。

3. 腾讯

以"赛马文化"著称的腾讯，公司内部竞争文化异常浓厚，员工只有尽快适应新变化才能生存。腾讯的纵轴考核的是潜力，即通过组织管理评价进行行为考核。潜力主要从人际敏锐力、思维敏锐力、变革敏锐力和结果敏锐力四个维度考察，使用的是光辉国际的学习能力判断工具。可以看出，腾讯注重的是学习能力，学习能力好就能够快速适应新的变化。

4. 美团

美团作为一家非常务实的企业，除了重视员工的绩效，还注重员工的潜力，所以美团的纵轴也是考核潜力。潜力由直接主管提供参考意见，事业部一把手决定最终等级，最终与 HR 沟通确认。

盘点实施

由于人才盘点的成本比较高，因此企业通常不会全员盘点，一般主要针对"人才"。盘点的范围包括：从纵向看管理层级，确定什么等级以上的干部接受盘点；从横向看专业稀缺性，确定什么重点专业的员工接受盘点。也就是说，盘点的对象，即"人才"，包括有一定级别的干部和核心岗位人才。

盘点时间

人才盘点涉及人才信息的收集、处理、确认、应用等多个环节。巨头企业通常遵循每年进行一次大型的人才盘点的惯例，每次盘点的时间会持续数月。

一般来说，年度人才盘点都会在上半年完成。字节跳动和阿里的人才盘点一般持续五个月左右，字节跳动开始时间最早，11月开始，阿里也会在11月、12月开始做一些前期准备工作。腾讯的人才盘点速度最快，12月开始，次年1月结束。美团开始的时间最晚，3月开始，但持续时间不长，一般会在5月完成（如图7-6所示）。

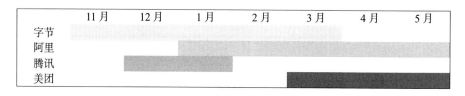

图7-6　BATM四巨头人才盘点的时间

资料来源：穆胜咨询。

年度盘点之外，各巨头企业号称也会在日常经营过程中进行阶段性人才盘点，并将结果应用于调整队伍，以及指导人才招聘、培训、储备等人力资源工作。但进行如此密集的人才盘点本质上还是因为互联网巨头企业的业务发展太快，环境变化太快，在业务频繁新建和关闭时，自然需要随时对人才进行考察和评估，并对他们进行合理配置。

其实，这种密集的所谓人才盘点已经不能算是我们前面提及的人才盘点了。因为这种盘点形式过于简化，很难对人员进行类似九宫格的归集。例如，字节跳动要求HR每个月都要对各部门人才进行盘点，其实就是填写固定的人才汇总表格。

盘点步骤

穆胜咨询的研究显示，巨头企业的人才盘点有以下四个核心步骤（如图 7–7 所示）。

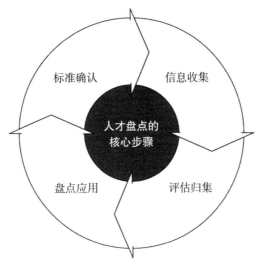

图 7–7 人才盘点的核心步骤

资料来源：穆胜咨询。

1. 标准确认，即确认人才盘点的模型和范围。一方面，巨头企业的人才盘点的模型是固定的，但它们每年可能会对具体刻度进行调整；另一方面，人才盘点是有成本的，将哪些人员纳入盘点范围必须在项目开展之初就确定好。

2. 信息收集，即基于模型，收集盘点对象的相关数据并进行处理，形成初步的评价结果。

3. 评估归集，即将被盘点的人才放入九宫格。初步的评价结果不一定是盘点的定论，在正式的评议会上将确认这些人才的归集逻辑。

4.盘点应用，即根据上一步的人才分类结果对人才进行使用，并配置人力资源的其他职能（如激励、培训等）。

盘点主体

阿里的人才盘点以事业部 CEO 作为第一负责人。具体来说，总部人力资源提供专业支持，由各事业部 CEO 作为"政委"配合实施。如图 7–8 所示，在盘点之前，首先要进行培训和分工，随后进行访谈，重点是要了解 CEO 的想法和期望。然后，对员工的基础信息进行整合，建立包括潜力、能力、绩效等维度的人才评价体系，并输出人才九宫格，得出人才盘点数据。最后对数据进行分析，形成人才分析报告，以指导下一步的应用。

图 7–8　阿里的人才盘点流程

资料来源：穆胜咨询。

腾讯的人才盘点分为 BG 级和公司级两部分。BG 级先盘点，公司级后盘点。如图 7–9 所示，首先，由 BG 的 HRBP 与业务负责人就所辖组织、基层干部、人才梯队进行盘点，并输出盘点结果。而后，由业务负责人向 BG 高级执行副总裁（SEVP）汇报本部门盘点结果。然后，由 BG SEVP 根据各部门的盘点结果对整个 BG 进行盘点，输出盘点结果和组织、人才策略。最后，向集团人委会汇报并进行讨论，由总办进行总结。

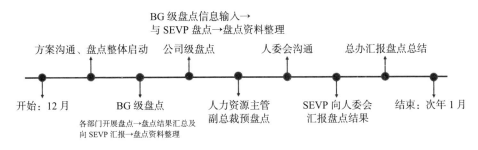

图 7-9　腾讯的人才盘点流程

资料来源：穆胜咨询。

美团的人才盘点显得简单直接很多，一般是由直接主管提供参考意见，由总监级做出决定，交由 HR 执行。如前文所述，字节跳动的人才盘点仅有绩效维度在发挥实质作用，而这一维度显然是由上级主管来主导的。

整体来看，阿里的"政委"代表集团主导了整个人才盘点的过程，发挥的作用较大；而美团和字节跳动恰恰相反，盘点主要看业务主管，HR 更多地起辅助作用，甚至没有太多的存在感；腾讯是业务部门和 HR 部门都起了一定作用，当然，业务部门的话语权显然更强。

盘点应用

人才盘点主要有以下应用。

一是支持战略落地。通过人才盘点，企业能够选拔出优秀人才，并基于战略需求排兵布阵、调兵遣将，以应对激烈的市场竞争。例如，阿里每年有两个最重要的会，即五月的人才盘点会议以及九月或者十月的战略会议。为什么人才盘点排在战略会议之前？阿里 CEO 张勇的回答是：先有人，再有事。他们遵循的正是以人才支持战略落地的逻辑。

二是优化人力资源队伍。通过人才盘点，企业能够了解组织内的人力资源状况，以便做好清晰的人力资源规划，后续再以规划引领选、用、育、留等模块的运作，让人力资源工作有的放矢。这更多体现的是人力资源的体系化工作内容。

字节跳动的人才盘点的重点是招聘。2016 年初，字节跳动只有 1270 名员工，但是截至 2023 年 1 月 11 日，字节跳动的员工人数达 11 万人。从 1270 人到 11 万人，字节跳动只用了七年。张一鸣曾说："招聘是我们最重要的管理工作，决定了我们的战略能否成功。"之所以进行大规模招聘，一方面是因为字节跳动作为"App 工厂"切入了太多赛道，需要补充新鲜血液；另一方面，也是为了淘汰那些薪酬高、绩效差的"未胜任者"。所以，字节跳动在校园招聘之前一定会做一次大规模的人才盘点，输出人才策略，明确需要替换哪些员工，需要招募哪种人才，哪种人才是可以作为干部储备的。

阿里进行人才盘点的出发点是增值，他们认为"树挪死，人挪活"，需要通过人才的使用来激活组织。根据九宫格模型的盘点结果，要进行"捧明星、杀野狗、清白兔、用黄牛"的变动，还要"动一动"三年没有换岗的员工。

腾讯的人才盘点的理念是"掐尖"，重点寻找优质人才，并通过长期激励和调薪留住核心人才。因此，腾讯在基于九宫格进行人员调整之外，还将相当一部分精力放在了寻找高绩效、高潜力的 TT（top talent）人才上。他们通过建立 TT 人才库，日常对 TT 人才进行点对点关注，适度倾斜薪酬福利，帮助他们实现个性化职业发展。与此同时，腾讯还会输出组织优化策略、人才 5S 策略等，并由腾讯大学配备完善的培养计划，例如公司级储备基干潜龙培训、BG 级储备基干育龙培训。

与其他公司更加关注人才选拔、晋升、轮岗不同的是，美团更关注辞退，更关注以绩效作为抓手来激发员工潜力。除了以人才盘点结果调整选、用、育、留策略外，他们聚焦于理清现有的组织架构和人才结构。因此，对于绩效不达标的员工，美团会坚决进行优化和劝退，而被优化的员工在明确新的目标之后仍未达成的，仍然要被劝退。美团认为，只有辞退那些不达标的员工才能让组织保持活力。

盘点效果

对于人才盘点的效果，互联网巨头企业的高层和业务领导们必然是肯定的。

2008 年，阿里内部第一次进行人才盘点时，马云就对这项工作的结果表示非常满意，因为他觉得自己手里有牌了，因为如果不进行人才盘点，他就不知道自己手里都有什么牌。

打仗为先的互联网巨头企业的业务领导对于人才盘点普遍也表示支持，尽管盘点的频繁程度一度让员工有点招架不住。从这个角度看，他们非常认可人才盘点的价值。

另一个不争的事实是，人才盘点这项工作的确在互联网巨头企业中有重要地位，其结果也的确指导了后续的选、用、育、留。所以，从这个角度上看，HR 高管们对于人才盘点的效果自然也是肯定的。

> 2017 年，阿里前人力资源副总裁黄旭在某次分享会上表示："CEO 应该重点关注和盘点公司中的三种人，他们加起来差不多就是一副扑克牌……要打得一手好牌，管理者需要综合衡量员工的兴趣、阅历、业绩表现和利益诉求，也就是管好员工的'心、脑、手和钱包'。"

但是，我们很难将企业发展过程中的良将如潮归因于人才盘点。因为我们认为，是互联网企业的品牌效应和高薪资导致了人才聚集这一结果，而人才盘点只是一种常规工作，不仅不神奇，还有严重瑕疵。

从我们调研的结果来看，我们的确发现了支持这种观点的"证据"，其中最核心的一点就是公平性问题。

无论是业绩或绩效，还是能力、潜力或价值观，在当前的考核技术层面都很难做到客观，更多的还是受到人才盘点主导者的左右。诚然，任何管理工具都无法屏蔽主观评价的部分，但在人才盘点工作中，主观评价可能占比过大。有相当一部分受访者反馈，直属领导可以根据自己的喜好直接决定部门员工的去留与晋升，主观性非常大。有网友调侃道："古有指鹿为马辨忠奸，今有人才盘点辨兄弟。"

除了远近亲疏导致的公平性问题，晕轮效应也是原因之一。某职场社交论坛上有人表示："很多组织在人才盘点时都会陷入一个误区，评估一个人的执行力时容易忽视结果呈现，而是将注意力放在行动和苦劳上。比如看一个人的工作效率，不是看其任务的完成情况，而是盯着是否满勤和加班，结果会让真正高效的人失去生存空间，进而影响到企业的工作氛围。"

说到底，一个相对客观的考核工具并不需要操作者有太强的驾驭能力，但一个相对主观的考核工具会非常考验操作者的水平。当企业面临如此大规模的人才盘点时，如果使用的工具是相对主观的，那他们到哪里去找那么多合格的操作者呢？

2022 年兴起的互联网巨头企业裁员潮可能是检验人才盘点这个"神器"的试金石。我们关注的是，如果裁员势在必行，那么人才盘点究竟发挥了多大作用？在这种逻辑下进行的裁员是否公平？

遗憾的是，我们看到了人才盘点这种工具的主观性瑕疵在这次大考面前暴露无遗。

大量受访者表示，裁员是一个结果，为了裁掉谁，就会给谁打低分。换句话说，没做人才盘点之前，部门负责人早就想清楚了要裁谁。当然，稍微委婉一点的做法是在准备裁员之前粗暴下压指标，"引导"出低绩效。所以，这种裁员引发了诸多的抱怨，不仅是被裁者心有不服，旁观者也觉得不寒而栗。一位受访者表示："我虽然逃过了这次裁员，但看着平时勤勤恳恳的同事被'盘'掉了，我也受了很大的刺激。谁知道下一次会不会轮到我呢？如果我要坚持下来，究竟是应该认认真真做事，还是投入心思去讨好领导呢？"

另一位亲历裁员并幸存的受访者说出了一个更让人唏嘘的事实："人才盘点是幌子，本质上就是为了让那些被裁掉的人无话可说。我知道的是，我们的裁员标准就是 30 岁以上的 ×× 级以上的高层管理者。"

几点感受

在了解了关于人才盘点这个"神器"的部分事实后，我有以下几点感受。

第一，显然，人才盘点并不是创新工具，而只是经典工具的传承应用。穿透模型本身可以发现，即使在使用模型方面也难说有创新之处。当然，传承并不可耻，反而应该鼓励，但人才盘点并不是人才管理方面的新物种。

第二，我们更应该把互联网巨头企业的人才盘点视为一个工作流程。在商业环境急速变化、战略和组织迅速调整的前提下，定期的人才盘点是必须的。没有这个步骤所输出的信息，后续的选、用、育、留工作很难进行。

第三，人才盘点的二维模型没有太大的逻辑问题，问题在于很难客观地衡量横纵两个维度。这并不是人才盘点该背的锅，二维模型只是一个整合后的模型，当"部件"存在缺陷时候，很难要求"整车"功能正常。

第四，从改进的方向上看，绩效维度的评价是一个基本功问题，在这个方面，我们有太多的样本经验，结论是大量企业都还有巨大的优化空间；而能力、潜力或价值观等偏行为维度的评价属于行为科学范畴，不是不能做，而是如果企业缺乏专业人士（如心理学家），要顺利实施这类评价的成本太大，投产比不划算。一般来说，这与股权激励类似，只能用于公司最核心的少数人。

第五，我相信，互联网巨头企业会在人才盘点的执行过程中不断地对方法进行修正。例如，我们的调研结果显示，字节跳动并没有频繁应用其宣传的九宫格，而是尝试把行为类评价放入"绩效"中。但是，请不要过度寄希望于这种修正，当企业的调子起得过高时，所有人只能按照这个逻辑往下走，而修正的成本很高。

第六，虽然工具是经典工具，我们也承认互联网巨头企业必须有人才盘点的工作流程，那么它们为什么会在人才盘点上陷入纠结呢？这是因为它们在管理基本功不健全、绩效管理方法不恰当的前提下，行为评价辐射了过多的人群。如此一来，人才盘点模型的两条腿都是瘸的，要让这个模型"走"起来，就只能依靠领导的意志。所以，极端失控的结果就是，认认真真地建立了一个所谓的科学框架，却让领导喜好变成了盘点的结果。

第七，当领导的私心受到形式上公平的工具的加持时，权力就会肆无忌惮地膨胀，这对于组织的伤害是无穷无尽的。

下篇

巨头

我们在下篇分析了人才管理在我国的发展现状，并以字节跳动、阿里、腾讯和美团四大一线互联网企业（简称 BATM）[1] 以及科技型企业标杆华为作为样本，进行了像素级还原和极具穿透力的分析。

我们发现，BATM 都形成了自己完整、功能丰富、逻辑自洽的人才管理体系。这些体系各有特色，其底层逻辑的设计投射的是创始人的人才观。从效果上看，这些体系也在很大程度上适配了这些互联网巨头企业在很长一段时期内的业务发展的需求。我们认可他们在人才管理上的纵深实践和鲜明特色，但是这些实践和特色是否值得学习？

一部分实践和特色是值得学习的。当达到这些巨头企业的规模时，在实践它们的人才管理模式的过程中，真正有效的一定是"模式"而不是"故事"。模式有借鉴意义，值得学习。

---

[1] 以市值或估值来衡量。

也有一部分实践和特色是不值得学习的。这些巨头企业的业务发展情况和容错性等允许它们有条件地利用一部分资源去落地一些实践，换到其他企业则不可行。另外，某些巨头企业的人才管理体系建立在其创始人界定的独特的管理假设（即"信仰"）之上。如果其他企业的老板认为自己也可以为员工建立类似"信仰"，那就可以学习这些实践和特色，否则千万别效仿。

　　另外，针对互联网巨头企业在人才管理方面可能存在的瑕疵，我们也尝试提出了一己之见，并给出了建议，仅供参考。

　　最后，解释一下为何把华为放入研究样本。因为在我们的视野里，华为是少数在人才管理上最成熟的中国企业之一，其实践经历了几十年的沉淀和打磨，以它作为样本来对比可能更有意义。

第 8 章

巨头开宗立派，人才管理艰难前行

人才管理的历史可以追溯到 1997 年。当时，麦肯锡公司在《人才战争研究》中首次提出了"人才管理"这个概念，主张将"人"看作有个性的"人才"，而不是共性意义上的人力资本。既然人是有个性的，那么人才的培养方式就应该更加精细。

客观来说，HR 们一直在专业领域实践着人才管理的概念。但真正让这个概念又燃起一把火的，则是经过全新包装后又粉墨登场的"干部管理"。

在互联网和数字化经济如火如荼的前几年，企业家眼见诸多赛道转瞬即逝，而更喜欢把组织与人力资源问题简单化。他们追捧一个极强的逻辑：战略确定之后，组织就是决定因素；组织确定之后，干部就是决定因素。

此时，华为的干部管理实践被重新推入公众视野。任正非的名句也一再被引用："我召开了 400 人的高级干部大会，学习了德国卡尔·冯·克劳塞维茨的《战争论》(The Theory on War)。什么叫领袖？在茫茫的黑暗中，发出一丝丝微光，照亮前进的道路，引导大家走出黑暗。"华为和任正非的名声自然起到了推波助澜的作用。

干部管理是以干部这个群体为对象实施的人力资源管理。而"干部"的范围，实践者基本形成了共识：一是包括了组织内关键管理节点的"主线干部"，或者放大到有管理职务的员工；二是包括了组织内关键业务节点的"核心人才"。

显然，"干部"与我们所谓的"人才"是同一个群体，干部管理 = 人才管理。考虑在数字时代，20% 的人创造了企业 80% 的业绩，这 20% 的人毫无疑问就是"干部"或"人才"，他们的重要性不言而喻。在某些企业，干部管理或人才管理甚至被视为人力资源管理的第一要务。

在从本章开始的下篇中，我们将开始交替使用两种描述。在本章的描述中，我们更多地使用"干部管理"，因为其特征让我们更容易进行归纳总结。而在企业案例中，我们将根据不同企业的语言习惯，在阿里和华为的案例中使用"干部管理"，而在其他企业的案例中使用"人才管理"。

巨头开宗立派

追根溯源，干部管理的流行应该始于华为。2018 年 7 月，任正非在华为总裁办邮件中明确指出："把原来人力资源部具体管人的权限拿出来，成立一个总干部部。总干部部是要管人的，管全局范围协调干部队伍，管跨领域成长、流动，管干部能力成长，管干部的后备平衡体系。未来，华为将有人力资源体系和总干部体系两个体系。"

华为的业绩过硬，干部成长速度也极快。在华为体系中，一个年轻的管理人员很容易就浸染出华为风格，无论是思维方式，还是工作作风，都能快速成熟，且整齐划一。"华为出品"的管理人员自然也被各行各业追捧，身价极高。

华为对于干部的管理是覆盖干部成长全生命周期的，从确定能力标准到执行任用程序，再到能力发展与评价激励，华为都有精细的制度设计和工具支撑，力图将干部队伍盘活、用好。

阿里是干部管理的另一个范本。早在 2007 年，阿里就成立了集团组织部，负责管理 M6 ~ M9（P11 ~ P14）级干部，时间比华为还早。

阿里出人才、良将如潮也是公认的。从 2000 年左右马云放弃引入 MBA 担任高管开始，阿里就异常重视人才培养。至今，阿里同学遍布整个互联网商业世界，而且阿里在每次并购之后，都能用自己人换掉被并购企业的管理层，似乎总有高级人才储备。

阿里关于干部的能力标准和选拔程序都相对简单（对比华为），更强调通过各种正式（CEO 班、总裁班、青训班等）和非正式的场景（湖畔论道、管理沙龙等）对干部进行培养或者向他们渗透阿里的价值观和管理方法论。这种模式的好处是干部培养的效率极高，缺陷在于上级话语权过大，容易让企业滋生过重的"江湖味"。

以能力标准为例，其价值观模型几乎替代了领导力模型[①]，而对每个级别管理人员的要求也精炼为四个字的描述。例如，阿里对于 P9 级干部的能力要求是"无中生有"。理由是，面对不确定的商业环境，传统素质模型难以覆盖对于干部的能力要求。四字标准的风格影响了一大批互联网企业。

干部管理潮流

阿里和华为的两种模式到底哪种更受欢迎？

---

① 反过来说，这类企业对于领导力的评价以价值观为主。

我们不妨再进行深一层的思考。从阿里的案例来看，如果把干部管理等同于干部群体的人力资源管理，这个定义似乎还不够精准，因为我们能从阿里的实践中解读出其在对干部实施人力资源管理时的倾向性：并非选、用、育、留面面俱到。那么，对于其他企业来说，它们想要实施的干部管理究竟是什么样子呢？

我们曾进行过一次企业家调研，采集了 40 余位企业家有效样本对于干部管理的理解。需要说明的是，这些受访者均是成立五年以上的企业的一二把手，且其所在企业均为营收 / 成交金额为 10 亿以上的民营企业。他们对于组织管理均有相当程度的认知，对于干部管理的热情也并非一时兴起。

我们请受访者回答以下问题："在你的印象中，干部管理工作应该做什么？"回答方式是请他们对以下五类干部管理细分职能进行打分，最重要的给 5 分，最不重要给 1 分，以此类推。

- 职级体系设计：基于组织结构设计干部的序列、分级，以及不同序列中职级的对位关系。
- 干部任免：对干部进行晋升、降级、平调等。
- 价值观宣贯：通过定向宣传，让干部深度认可甚至主动阐释公司价值观。
- 干部能力培养：对干部的能力进行培养，使其匹配公司的需求。
- 干部激励：对干部的能力、绩效等进行评价，并给予相应的激励。

我们的调研结果显示（如图 8–1 所示），"价值观宣贯"高居榜首，达 4 分，高于排名第二、得 3 分的"干部任免"。而印象中应该被重视的"干部激励"则关注度最低，仅为 2.29 分。从这些数据来看，我们基本可以确认，民营企业需要的干部管理实际上就是用干部任免来支撑的价值观宣贯。进一步看，管理者们默认对干部进行任免就是一种最大的激励，他们对激励机制的精雕细琢并没有太大的兴趣。

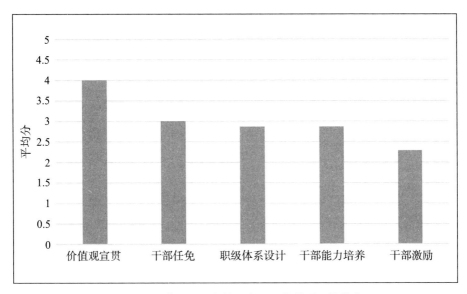

图 8-1 民营企业干部管理各项工作的重要性排序

资料来源：穆胜咨询。

一位直接向一把手汇报的 HRVP 点破了其中的道理："企业大了，必须要授权出去，而授权出去之后，干部们难免会建立自己的'藩国'。这个时候，老板必须有途径来缓解自己的焦虑。"

现实的确如此。在那些对于"藩国"现象控制不力的企业中，甚至会出现员工认为"钱是我大哥（部门长）发给我的，不是老板发给我的"的观点。这怎么能让老板不焦虑？于是，老板们缓解焦虑的方式通常是把干部集中起来，以培训班、考核会、年会、酒会等方式来宣贯企业价值观。这个时候，企业的干部群体会形成一种难以名状的"向心力"，干部与老板的直接距离缩短了，老板的焦虑可能因此会得到缓解。在此基础上，老板再搭配使用任免干部的方法，用自己认可的人，让干部队伍逐渐被"净化"。

从企业来看，华为的支持者显然要多于阿里的支持者，但从干部管理这一点来说，绝大多数老板显然坚定地选择了阿里的模式，即使这个选择难免有点"功利"，有点"以江湖手段治理江湖"的嫌疑。

好的干部管理工作的评价标准

在今天的语境下，干部管理已经远离了它本来的意义。说白了，现在的"干部管理"是当下老板和员工诉求的最优解，它不一定能够解决问题，但至少可以缓解焦虑。它让老板看到了企业持续增长的希望，也让员工远离了组织转型的颠沛，尽管它可能盖住了屋子里那头"最大的大象"，留下了巨大的隐患。

干部管理绝对不应该陷入流派之争，而应该先做好体系建设再谈流派。就像一辆汽车，你可以选择不同的车型（轿车、皮卡、SUV 等），但不可能只选择轮子而不要发动机。

在接下来的章节中，我们将以人才模型为核心，以上文提到的五项干部管理细分职能为标准，用 BATM 四家一线互联网巨头企业和华为的案例来剖析人才管理体系。我们希望呈现完整的人才管理体系应该是什么样的。我们也希望，这种像素级的还原能够让当下的企业远离"干部管理特效药"的诱惑，找到正确的方向。

干部管理或人才管理的成功取决于以下两个因素。

一是企业有鲜明的人才标准。企业如果没有对于业务实践的深度理解，就很难提炼出一针见血的人才标准（体现为素质模型、任职资格等形式）。企业的人才标准迭代次数越多，个性越鲜明（越有画面感），越被频繁用于人才评价，那么这种人才标准就越准确。

二是企业有围绕人才标准的完善职能和独特操作。五大职能能够确保企业在人才成长的全生命周期中形成若干影响人才的关键场景，但这只能确保人才管理水平的底线。真正能让人才管理脱颖而出的，还是要有基于人才标准的独特操作，这些操作可能会反传统，但一定能够传递企业对于人才的执着要求。反过来，如果没有任何独特操作，我们基本可以确定，要么企业的人才标准是模糊的，要么企业的人才管理实践不足。

评价企业的人才管理体系是否优秀，我设定了三个定性标准。

1. 可持续性。可持续性是指人才管理体系究竟是企业当下的应急之需，还是能够持续发挥作用的。这里，我们不主张以快速迭代为由来回避体系可持续性不足的问题。底层不变、功能与时俱进是好的；而频繁修改底层、让体系在混乱中迭代是不好的。

2. 可复制性。可复制性是指人才管理体系能不能作为模式被复制到其他企业中。有的企业的人才管理自成体系，但无法迁移，这是多种特殊条件集合在一起的结果。这些企业在谈及无法复制时往往挺得意，但实际上这种无法复制的背后可能有巨大的逻辑瑕疵。

3. 可宣推性。宣推，即宣传推广。可宣推性就是能不能拿到台面上来说。有的企业有其独特的人才管理操作且有一定效果，但这种操作可能显失公平或者破坏了某些正面的价值观。这也不是我们主张的健康的人才管理体系。

在相关企业的案例中，我会从上述三个方面去分析，既有对于优秀操作的认同，也有对一些违背三大标准的操作的质疑，但都是为了勾勒出干部管理或人才管理的真正前景。

好的干部管理工作的数据参考

当然，除了定性标准，我们也希望能找到某些定量标准作为参考。

一是企业的干部培养效率如何，能否匹配自身发展需求。在这里，我们将BATM和华为的职级体系和员工的晋升速度进行了拉通对比（如图 8–2 所示），并统计了中位晋升速度和高管晋升速度[①]两个指标（如表 8–1 所示）。整体来看，华为的两类晋升速度最慢；阿里在互联网巨头中晋升速度最慢，但仍然快于华为；腾讯、美团和字节跳动三家企业的中位晋升速度相当；字节跳动的高管晋升速度最快。

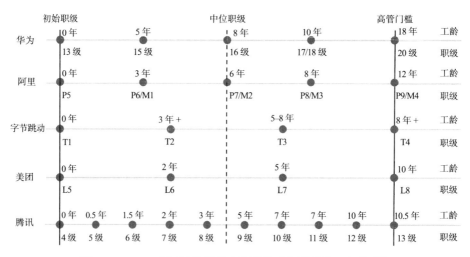

图 8–2　BATM 四巨头和华为在职级体系和晋升速度上的对比

资料来源：穆胜咨询。

---

① 可以理解为晋升到现有职级体系的中间刻度和高管门槛所需的年限，或者更直接地理解为成为中层和高层所需要的年限。

表 8–1　　　　BATM 四巨头和华为的中位晋升速度和高管晋升速度

企业名称	初始职级	高管门槛	中位晋升速度 （单位：年）	高管晋升速度 （单位：年）
华为	13	20	8	18
阿里	P5	P9	6	12
腾讯	4	13	5	10.5
美团	L5	L8	5	10
字节跳动	T1	T4–2	5	8

资料来源：穆胜咨询。

需要说明的是，我们的调研并非覆盖了全样本，不可避免地存在抽样偏差。当然，这个数据也与企业本身的发展速度相关，发展越快速的企业，上升空间就越大，但这并不能完全归因于干部管理体系的功能强弱。另外，还有一些因素也会影响员工的晋升速度，如人才流失率过高会倒逼企业用提拔人才的方式来"填空"，这在客观上也会提升员工的晋升速度。

从整体来看，即使是 BATM 四巨头中相对最慢的阿里，其员工的晋升速度相对于一般企业来说也是极其夸张的。不得不说，互联网商业的兴起确实为员工带来了相当大的机遇。另外，华为员工的晋升速度居然能接近作为互联网企业的阿里，这也让人肃然起敬。

二是企业的干部管理究竟有多大的外溢效应，即向社会输出了多少人才。为了方便计量，我们仅仅从创业公司的数量和上市公司的数量来衡量外溢效应，也就是说，我们此处仅仅统计处于塔尖的创业者的数量（如图 8–3 所示）。

相比之下，字节系创业公司数量最少，阿里系最多。但从创业的效果来看（如表 8–2 所示），华为是上市公司数目最多的创业体系，按照穆胜咨询定义的 IPO 上岸率统计，它也是表现最好的，远远高于其他派系一个量级。这两组截然不同的数据似乎说明阿里输出的人才规模最大[①]，"华为人"更适合操盘大体系，其创立正规化企业的可能性更大。

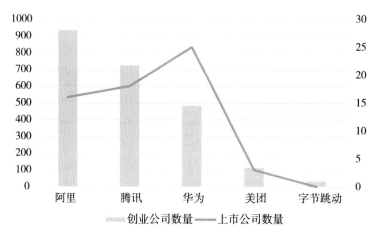

图8-3　创业公司和上市公司的数量

注：数据截至 2023 年 5 月。

资料来源：穆胜咨询、IT 桔子。

表 8-2　　　　BATM 和华为五大创业派系上市公司数量及 IPO 上岸率

公司名称	上市公司数量	IPO 上岸率
华为	25	5.2%
美团	3	2.6%
腾讯	18	2.5%
阿里巴巴	16	1.7%
字节跳动	0	0.0%

注：数据截至 2023 年 5 月。

资料来源：穆胜咨询、IT 桔子。

① 但这里也可能是因为阿里所在的行业赛道更宽广，更容易产生创业项目。

第 9 章

字节跳动：高人才密度下的精英自治

随着中国移动互联网高速发展，互联网巨头们也在飞速迭代，字节跳动公司已取代百度，形成了新 BATM 的格局，成了中国移动互联网的新代号。

字节跳动公司能够取得如今的成就，离不开创始人张一鸣对人才的重视。他曾说："很多企业失败的时候总说是政策的变化、市场的变化、消费者需求的变化、技术发展的变化等导致了失败，其实归根结底还是人的原因，都是因为你招的人不行。"

穆胜咨询发现，字节跳动公司在成立初期业务高速扩张，为抢占市场不计成本地招揽了大量人才，但并没有形成一套稳定成熟的人才管理体系；但在后期，其逐渐形成了一套自己的人才管理体系。

字节跳动的人才标准

"字节范儿"反映的是字节跳动公司的企业文化宗旨，也是其实际的人才标准。在字节跳动公司的行为准则中有这样的描述："'字节范儿'是字节跳动企业文化的重要组成部分，是我们共同认可的行为准则。"

字节跳动公司将"始终创业、多元兼容、坦诚清晰、求真务实、敢为极致、共同成长"称为"字节范儿"。"××范儿"来自"谷歌范儿（Googleness）"[①]，字节跳动公司借用了这种表达形式，也体现了其对于互联网公司新兴管理模式的向往。

应该说，这种人才标准的形成更多地来自张一鸣个人的认知。或者说，创始人对于人才的某些"执念"，形成了今天的"字节范儿"，这从他若干次公众表达中都能找到线索。

张一鸣更欣赏的企业是奈飞（Netflix）。在源码资本 2017 年码会上，张一鸣分享了重量级管理心得——做 CEO 要避免"理性的自负"。他提出了"情景管理，而不是控制管理"的管理方法。他认为，优秀的员工是一台分布式处理器，在获得了充分的信息后，他就不再是单纯的执行者，而是拥有了更多的判断能力，从而能够实现高效的分工和协作，这样组织内部才能实现交易成本最小化和决策质量最大化。

此外，张一鸣曾在 2016 今日头条 Bootcamp 上，对研发和产品部门的应届毕业生发表了题为"Stay hungry，Stay young"的演讲，表述了他认为优秀的年轻人的五个特质。

- 保持好奇心，能够主动学习新事物、新知识和新技能。
- 对不确定性保持乐观。
- 不甘平庸。

---

① "谷歌范儿"包括上进心和抱负、团队精神、服务精神、倾听及沟通能力、行动力、效率、人际交往技巧、创造力及品行等特质。

- 不傲娇，要能延迟满足。
- 对重要的事情有判断力。

字节跳动公司的人才标准显然与 OKR 倡导的"追求挑战目标，目标上下对齐，协同作业并保持信息快速流通，公开透明，打破边界、自我驱动的"行为准则不谋而合。因此，该公司成了国内第一家引入 OKR 的企业，而其对于人才的标准相对框架化，无法清晰考核，在很大程度上，考核是通过 OKR 来实现或修正的。

字节跳动的人才管理体系

职级体系

作为一家有 11 万人的巨型企业，字节跳动公司的职级体系仅有 10 级（如图 9–1 所示）。创始人张一鸣是 5–1 级，应届生一般是 1–1 级。为了弱化"爬格子"带来的攀比，该公司要求员工严格保密自己的职级。保密职级有两种方法，一种方法是淡化头衔和层级概念，只有在需要对外发声时，才能见到一般意义上的管理职位；另一种方法是将工号打乱，避免在公司内滋生排资论辈的氛围。

从某种程度上说，字节跳动公司简单的职级体系体现了张一鸣反官僚化的理念。我们推测，他更希望像创业公司一样，通过新业务的快速扩张给员工带来收入增长，而不愿员工执着于升官。事实上，简单的职级加上宽带薪酬的确产生了这样的效果。但不得不引起重视的是，随着新业务越来越少，员工的收入增长也许会受到限制，届时，职级体系可能会承受很大的压力。

职级	头衔
1-1	初级工程师
1-2	中级工程师
2-1	资深研发
2-2	
3-1	团队领导层
3-2	
4-1	部门领导层
4-2	
5-1	公司领导层
5-2	

图 9-1　字节跳动公司的职级对应的头衔

资料来源：根据公开信息整理。

职级晋升

字节跳动公司的职级晋升主要依据绩效评级。根据考核频率，员工每半年可以申请一次职级晋升，其规则相对比较传统。

如果申请通过（只是有资格进入流程，而非实现晋升），那么申请人会在实线领导进行绩效打分前得到准备材料和面试的通知，通知时间一般在上半年三月底和下半年九月底，具体时间和准备内容需要依据各部门绩效评估的安排进行调整，不同管理者的风格也会有所不同。但如果绩效正式启动前还没得到通知，基本就宣告本轮晋升无望。

多数部门的晋升标准是 2 个 M+ 或者 1 个 E，包括当次尚未考核的绩效。当然，这个标准指的是一般情况，内部也存在 M 或 M+ 晋升的案例，但针对这种特事特办，需要领导给出的理由足够充分，晋升材料经得起评委的审视。

一般来说，晋升 2–1 只需要写材料，通过评委回顾评估即可，有争议或者想了解更多可以进行视频沟通。但如果晋升更高的级别，评委就需要进行视频面试。评委的职级一般是目标的职级 +2，比如晋升 2–1 职级，评委的职级就应是 3–1 职级。但如果晋升较高的级别（如晋升 3–1）时找不到足够多的 4–1 职级，可能就会有 3–2 职级的评委。

在面试形式上，各部门的操作也有所不同。有两位评委同时进行晋升面试的，也有各位评委分别进行晋升面试的。如果面试通过，那么申请人就可以顺利晋升。

价值观宣贯

"字节范儿"平均两年更新一次，这与字节跳动公司在快速发展过程中不断迭代的理念相契合（如图 9–2 所示）。

"字节范儿"演进历史

2018 年 追求极致、务实敢为、开放谦逊、坦诚清晰、始终创业
2020 年 追求极致、务实敢为、开放谦逊、坦诚清晰、始终创业、多元兼容
2022 年 始终创业、多元兼容、坦诚清晰、求真务实、敢为极致、共同成长

图 9–2　"字节范儿"的迭代过程

资料来源：字节跳动和穆胜咨询。

2022 年 6 月 22 日，字节跳动公司 CEO 梁汝波通过内部信更新了"字节范儿"，这是继 2020 年 3 月新增"多元兼容"后的首次更新。梁汝波担心公司患上大企业病，即组织冗余、效率低下或者发展滞涨。"始终创业"从第五位上升至第一位；"多元兼容"从最后一位上升至第二位，意在"理解并重视差异和多元，打造多元化的团队"；拆分"务实敢为"，"敢为"与"追求极致"合并为"敢为极致"，意在提醒公司不能为了追求极致去抠毫无意义的细节，而是要敢于突破边界，在最大范围找最优解；增加了"求真"，与"务实"共同组成"求真务实"。

和其他互联网大厂一样，字节跳动公司投入了大量的精力进行价值观宣贯。员工入职第一天就要讲"字节范儿"，员工之间都互称本名或者 ×× 同学（包括公司领导），食堂每天会轮播"字节范儿"短片，隔间门上张贴着关于"字节范儿"的漫画（如图 9-3 所示），墙上的电视经常轮播关于"字节范儿"的内容，公司也经举办关于"字节范儿"的专场有奖问答活动。

图 9-3　关于"字节范儿"的漫画

资料来源：飞书。

飞书是字节跳动公司内部的效率和管理工具，是企业文化建设的重要渠道，为"字节范儿"的传播提供了高效的途径（如图9-4所示）。

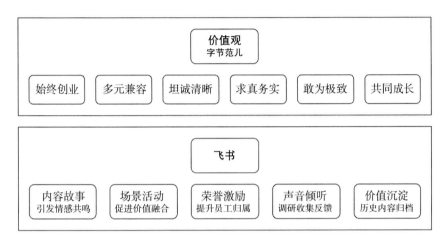

图9-4　"字节范儿"通过飞书传播的逻辑

资料来源：飞书。

字节跳动公司的员工还有自己的圈子，名为字节圈①。"字节圈"是字节跳动公司内部的"公司圈"，只有 VIP 才能参与。活跃在字节圈的员工被称为 ByteDancer。ByteDancer 可以分享日常工作、反馈产品和吐槽。字节圈可以帮助业务同学更多地了解到有哪些业务可以合作以及有哪些跨部门的活动，以拓展边界，并从中发掘一些潜在合作机会。

---

① 即原来的头条圈，是字节跳动公司内部重要的讨论平台。字节圈定位为企业内部社区平台，为字节跳动公司的员工提供可以相互交流和反馈的有效渠道。"收集反馈"是字节圈诞生之初的重要使命之一，字节跳动公司的各业务线都非常重视员工的反馈，员工也很乐于反馈关于产品和业务的问题。

人才能力培养

字节跳动公司有多种人才培养模式。在人力资源部，经常出现的一句话是："人才培养不是单纯的多付薪酬，更需要营造一个人才成长的环境。"该公司为人才成长制定了不同的赋能项目并提供了充分的资源，如 ByteTalk、Dance 舞计划、Mentor 制、E-learning 和 Bootcamp。

ByteTalk 是面向所有 ByteDancer 的分享与交流平台，分享者来自公司的各个部门。分享内容可以涉及不同的主题，也可以分享自己参与的项目、行业前沿消息等，还会有内部直播和参与互动，员工回家也能获得有用的信息。该公司也会邀请科技、商业、艺术等领域的内外部专家，这些专家通过线上下演讲、访谈问答等形式进行"前沿""多元"和"有启发"的主题分享。

Dance 舞计划是专门为校招应届生设计的为期一天的线下培训，通过体验式课程帮助这些新人完成从学生到 ByteDancer 的角色转换。在培训过程中，不同部门和序列的同学们将随机分组，参与团队任务挑战赛，既可以通过游戏的形式体验创新思维，也可以在培训现场结识其他部门的小伙伴。

Mentor 制是指在字节跳动公司，由一位经验丰富的前辈担任导师（Mentor），指导和帮助一位新员工快速完成转换角色、融入新环境，并规划个性化的成长路径。

E-learning 是字节跳动公司的线上学习系统，集合了 ByteTalk 等全公司范围内的课程录播，以及各业务部门的视频课程、自主学习资料包等，方便ByteDancer 随时利用空余时间充电和自我提升。

Bootcamp 项目是由字节跳动技术学院联合业务部门发起，面向所有字节跳动技术新员工的项目。该项目通过技术通用培养＋业务专业培养的课程，帮助同学们了解和融入团队以及所在部门。该项目通常会持续 1 ～ 2 个月的时间，且全程实行 Mentor 制。

严格意义上，上述人才培养模式虽然并不新鲜，但非常健全，并且很好地匹配了大厂的基础需求。而说到创新之处，字节跳动公司正在学习德国的高素质人才培养模式，该模式在其内部被称为 Perfect Match Program，即对于不同的人才，匹配的学习项目会有方向性的不同。

例如，技术型人才的学习内容向纵深发展，配置的都是尖端且稀缺的课程，邀请讲师的都是行业内的极客，不讲一般的通用课程。销售或职能岗位的学习内容向横宽发展，并不追求质量最优，也就是说，在保证次优的情况下，把大量精力花在知识结构和知识面上。这可以充分发挥字节跳动公司的数据资源优势，配置大量能够提高认知的通用型学习课程。

人才激励

在字节跳动公司，人才不是成本，而是资本，管理层十分看重人才投资回报率（ROI）。在这一理念下，一方面进行了薪酬的高位支付，其薪酬水平在国内互联网大厂中处于当之无愧的一线；另一方面，努力让激励与员工的个人贡献相关，而员工发力的重点就是年终奖。

字节跳动公司每年有两次考核，一般在三月和九月。考核方式借鉴了谷歌公司的 OKR+360 环评模式。公司坚持认为，OKR 的特点之一就是不考核，而且目标是目标，奖金是奖金。一旦用奖金来管理目标，员工和公司会就目标的大小进行拉扯和博弈。不考核，也是一种鼓励员工设定更有挑战性目标的方式。

但只要做激励，就是要考核的。字节跳动公司采用了如图 9–5 所示的步骤将 OKR 的回顾转化为绩效考核结果。

图 9-5　字节跳动的考核流程

资料来源：根据字节跳动公司的公开资料整理。

1. **员工总结**。员工要写工作总结，客观地回顾自己的工作，比如 OKR 完成情况如何，或者在 OKR 的引领下做出了哪些实质性成绩等。这些信息可以作为 360 环评中别人的评估参考。

2. **360 邀请**。邀请别人对自己进行评价。可以邀请上级和下属，甚至是别的部门同事（有密切合作的人）。每次一般邀请 10～20 人，有时甚至会邀请 40～50 人。

3. **360 确认**。由上级进行 360 确认，这是为了避免只邀请关系好的人、人数太少或邀请的人覆盖不了日常的协作对象。员工给身边的人发送 360 邀请之后，上级需要帮助其邀请更多的人一起评估，并再做一次确认。当然，员工自己邀请的人也不会剔除，这也是为了防止上级视角的局限性（只看到自己想看到的）。员工本人看不到 360 评估的结果，所以评价者也就不会不敢说话，而"手下留情"了。这样一来，管理者看到的不仅仅是员工的自我认知，还有周围的人的真实反馈，而且这些反馈都是实名的。

4. **员工自评**。接下来是自评，也就是员工给自己打分。员工需要对自己有不偏不倚的自我认知，对自己的工作有正确的预期。如果最后的得分出人意料，可能是因为管理者与员工沟通不足，也可能是因为员工的自我认知产生了比较严重的偏差。

5. **上级评估**。自评之后就是上级评估。在这之前的流程都是为了尽可能给管理者反馈更多的信息。管理者会根据反馈的信息进行判断和分析，最后给予下属评价和评分。

6. **绩效校准**。管理者对信息的判断可能是有偏差的，他们的经验也可能不够丰富，所以这就要求他们与上级一起，对比团队中不同员工的绩效，找出评价可能不合理的地方，并校准结果，进一步确保绩效评估的准确性。字节跳动公司习惯应用绩效校准矩阵，通过团队成员的分类和对比来判断不同员工的绩效是否合理。对于有争议的判断，需要经过讨论才能最终确认和肯定绩效结果。

字节跳动公司的绩效考核结果一共八级，从低到高分别为 F、I、M–、M、M+、E、E+、O，即不合格、待改进、符合预期 –、符合预期、符合预期 +、超出预期、超出预期 +、卓越，分别对应年终奖和月薪上涨幅度，只要达到 M 就有涨薪的机会。如果年底考核为 M，大多数可获得三个月薪酬的年终奖，而若考核结果为 E 或 E+，则可获得五个月薪酬左右的年终奖。字节跳动公司和很多企业一样，会默认执行 2∶7∶1 的强制分布（尽管没有公开宣称），即 20% 优秀、70% 一般、10% 淘汰。

360 考核对普通员工的考核内容是业绩、"字节范儿"和投入度，对管理者的考核会多出一个领导力维度。其中，业绩占大头，如果业绩打了 M，就算"字节范儿"和投入度都打了 E，也很难加薪。"字节范儿"和投入度只要不低于 M，业绩打了 E 或 E+ 就有很大的机会加薪。当然，考核也会参考员工平时的价值观表现。

字节跳动人才管理的效果

字节跳动公司近几年的快速发展是有目共睹的，字节系人才成了一股新的势力。让我们以数据为标尺进行评估。

出成效率

字节跳动公司建设人才队伍的方式更注重外招。作为曾经业务扩张和招人最激进的互联网大厂之一，虽然该公司可以通过强势的品牌和高位的薪酬获得足够的人才供给，但其也无法回避人才进入后在晋升和提拔方面出现的问题。

穆胜咨询通过样本调研，初步总结了字节跳动公司的职级晋升图（如图9-6所示）。受限于样本范围，这组数据只可能接近真实，但我们相信它具有一定的参考价值。值得一提的是，字节跳动公司的职级划分比较少，所以每一级的含金量很高，员工的职级晋升非常困难。网上甚至流传这样一种夸张的说法："在字节跳动公司，员工进来什么样，出去还是什么样。"

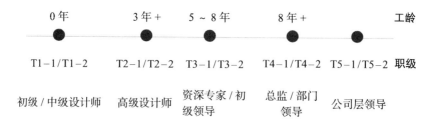

图9-6 字节跳动公司员工的职级晋升图

注：数据仅供参考，实际情况因人而异。

资料来源：穆胜咨询。

近年来，随着互联网时代红利的消失，字节跳动公司的内部晋升更加困难。近两年，该公司甚至也陷入了裁员漩涡。一位字节跳动公司的中层在某社交平台上表示，这两年晋升通道比较堵塞是预料之中的事情，这可能也是公司节约成本的需要。

外溢效应

字节跳动虽然是一家年轻企业，但其发展速度之快、体量之大，已经超过了很多老牌的互联网企业。近年来，该公司一直在大规模招揽人才，自然也有大量人员流出，这种人才的外溢也在创业市场上掀起了波澜。

我们在统计了 IT 桔子和脉脉等平台截至 2023 年 5 月的数据后发现，字节系创业公司大约有 35 家，而诸多明星创业公司的核心团队都有了字节系的人才，如前国际化业务负责人柳甄加入了元气森林，负责海外业务；前视觉技术负责人王长虎搭建了团队，聚焦于生成式 AI 的视觉多模态算法平台；前副总裁、AI Lab 主任马维英选择加入清华大学智能产业研究院团队……

如图 9–7 所示，从行业分布上来看，字节系创业公司覆盖多个领域。其中，软件 / 应用、AI、文娱传媒、社交网络的公司占比最多，可以看出在号称"App工厂"积累了大量技术经验的人才大多会选择在相似领域创业。

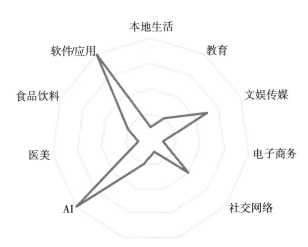

图 9–7　字节系创业公司涉及的领域

注：数据截至 2023 年 5 月。

资料来源：穆胜咨询、IT 桔子、脉脉。

字节跳动公司出来的人才还没有孵化出成功上市的企业，但我们相信在不久的将来，我们会看到越来越多企业有"字节系"的身影，毕竟现在许多企业都在学习和效仿该公司的OKR。

字节跳动创始人的三个假设

字节跳动公司的成长速度让所有互联网公司都难以望其项背，其人才管理体系也是一个"速成"的产物。这里的"速成"不是贬义，正如我们在本章中所述，该公司的人才管理体系是相对完整的。

我们认为，能够在短时间内形成这种完整的人才管理体系，可能也与公司用发展前景和高薪大量吸纳精英有关。事实上，调研中的大部分受访者在进入公司之前都有亮眼的职业履历。

体系可以快速搭建，但真正为这个体系注入灵魂的却是创始人张一鸣的几个独特的人才管理假设，尽管这些假设是否成立还需要经过时间的验证。

假设一："精英式自治"是否成立

张一鸣喜欢奈飞公司，强调情景管理而不是控制管理的管理方式。其实，这就是"精英式自治"。他竭力为精英打造一种不设边界、鼓励创新创造的氛围，希望他们能够自由施展自己的才华。OKR的目标设定方式、高位支付的薪酬、"字节范儿"的考核等，都可以视为他为精英们打造的氛围。

精英都是高度自律且以创新创造作为第一要务的，颇有硅谷"极客""创客"的味道。按照这个假设，当他们被放到了合适的氛围里，自然就能释放无限的潜力，为公司带来可观的收益。如果企业强化对精英的激励，创新和创造就会无处不在。严格意义上，这有点像复古派的"Y 理论"[1]，只不过张一鸣将这种人性特征的范畴缩小到了"精英"。

问题是，真的有那么多的精英吗？当企业内部因为缺乏甄别系统而可能存在"伪精英"时，精英自治的逻辑还成立吗？或者说，当精英与伪精英并存，并享受相似的待遇时，精英还能心无旁骛地投入创新创造吗？

于是，我们又回到了甄别系统上，即企业是否有关于人才能力或绩效的评估系统，是否能够筛选出真正的精英？但根据我们的研究，字节跳动公司在这两个方面的考核都是相对松散的，更多的是上级的主观评价。这很难改变，因为这种设定来自对精英"不要控制"的原始设定。

假设二："以薪酬覆盖职级"的逻辑是否自洽

张一鸣对于去官僚化的执着使字节跳动公司形成了简单的职级体系。显然，如此巨大的企业规模，员工很难被包裹在 10 个职级中。于是，该公司通过薪酬设计来打补丁，希望员工把关注点放在如何获得更多的年终奖、股权上，而非关注升官。

客观来看，这种逻辑是成立的，但前提是薪酬这个环节必须足够精细。职级体系建立了基本的科层秩序。如果企业要去职级化或者说实现扁平化，就必

---

[1]　Y 理论由美国行为科学家道格拉斯·麦格雷戈（Douglas McGregor）于 1957 年在其文章《企业中人的方面》中提出。他认为，人的本性是喜爱工作的。要求工作是人的本性；在一般情况下，人们能主动承担责任，热衷于发挥自己的才能和创造性是受内在兴趣自我驱动的；大多数人都具有解决组织问题的能力。因此在管理中，为了促使员工努力工作，应考虑工作对于员工的意义，鼓励员工参与目标的制定；以启发和诱导来代替命令和服从，用信任代替控制和监督；重视员工的各种需要和内在激励，并尽可能地在实现组织目标过程中予以他们最大的满足。

须建立以创新、创造、业绩说话的新秩序，否则就会陷入混乱。但显然，字节跳动公司并没有做好这方面的准备，其激励机制还是相对粗放的，仅仅是不同等级绩效对应不同档次年终奖的简单逻辑。

试想，一家企业的组织结构极致扁平，但激励机制却不够精细，会出现什么样的结果？必然是让精英失去创新和创造的动力，因为他们的贡献并不会得到激励上的反馈，而要让他们一直"为爱发电"实在太难了。不知道字节跳动公司有没有意识到这个问题，但至少当前并没有太多的行动。

假设三：企业能否保持"始终创业"的状态

最新一版的"字节范儿"把"始终创业"放到了首位。创业公司的最大红利就是容错，发展可以解决大量的内部问题。但应该承认的是，字节跳动早已不是一家创业公司了。

企业可以呼唤创业精神，但却很难保持"始终创业"的状态，老板有这个"心"，企业也很难有这个"力"。因为，组织整体处于进化状态，其发展是不以老板个人意志为转移的。或者说，老板可以干预这个进化过程，却很难让进化逆转。组织的成长就是一个规模逐渐增加、分工越来越细、层级越来越多、流程越来越复杂的过程，这个过程必然是大企业病增加的过程。

我们发现，张一鸣似乎将自己对顶级人才的标准投射到了对员工的要求上，这是大量创业公司老板喜欢的方式。我们猜测，张一鸣想让每个人都以精英的标准来要求自己，从而让企业一直保持创业状态。

我们接触过的大量创业公司的老板都喜欢谈人才标准，但当企业达到一定规模后，他们可能不是提人才标准，而是提分工设计了。因为，以企业家自己作为人才标准，永远不可能找到合适的人，即使真有人水平相当，人家也不愿意屈居人下。只有将自己的能力分拆出来，在每个模块上找到真正的专业人士，组织系统才能稳定运行。

几点思辨

纵观互联网商业世界，字节跳动公司是除阿里以外，第二家对外输出人才管理模式的企业。我们需要思考的问题是，字节跳动的人才管理模式能不能学？

我的结论是，字节跳动的人才管理模式适应业务发展需求，是其能够在信息流、短视频等赛道脱颖而出的关键。但这种模式有其成立的苛刻条件，如果全盘照搬或盲目对标，那么结果可能会让人失望。原因如下。

第一，这种模式建立在字节跳动"超级红利"的赛道上，其他企业难以复制。

该公司起源于一个擦边球产品——内涵段子，后续却在互联网巨头林立时进入了一条"超级红利"的赛道——信息流，而后更将信息流推送技术和短视频结合，在快手已经霸占的领域撕开了一个口子，后发先至。毫无疑问，这种巨大的红利来自张一鸣精准的战略眼光。

当企业坐拥红利，组织管理和人才管理就显得简单很多。事实上，只要为业务配置足够的人才，自然就可以收获业绩。更何况字节跳动的光明前景还有一级市场上大量的资本托底，这有助于高价吸纳人才。

张一鸣一直强调人才密度，强调不要关注人才价格，要关注人才产出。字节跳动在发展初期的打法就是高价买人、聚集人才，在短期内迅速突破某个赛道。

第二，这种模式建立在字节跳动公司可以四面出击的基础上，但其他企业使用这种模式未必可行，时代也未必会给机会。

该公司兴起于互联网的红利时代，在互联网作为基础设施重构商业逻辑时，商业世界涌现了太多机会。

一开始，该公司依赖良好的开局，有本钱去高价抢人，而一旦突破了某个赛道，它会得到资本加持，又可以将"高价买人砸赛道"的玩法继续下去，这就形成了健康的正向循环。于是，它有机会四面出击，也必须四面出击，让这种模式继续下去，而"阵地战"可能不是它喜欢的。

但是，当前的商业环境已经出现了巨大的变化，由于众所周知的原因，互联网红利似乎在消失。从另一方面来看，该公司在强势进入的游戏、教育等赛道后，也并没有收到积极反馈。在成熟行业中，当面临在位者沉淀多年的核心竞争力时，"高价买人砸赛道"似乎开始失效。

于是，我们看到了一向豪放的字节跳动也开始收缩边界。2022 年，该公司陆续下架了类小红书的"可颂"、社交产品"派对岛"、高端版今日头条"识区"等产品。据多家媒体报道，投资回报率为负的业务和产品均要被下调战略优先级或停止运营。

尽管字节跳动有 App 工厂之称，但没有哪家企业可以无限多元化。时代也有潮涨潮落，企业未必一直屹立潮头，思考如何基业长青也许才是正途。

第三，这种模式的核心工具 OKR 建立在创业期的不确定性上，不确定性需要相对模糊的工具，但企业必然进入稳态，不可能一直不长大。

当不断发展出新业务、团队需要冲刺目标的时候，OKR 是一个实用的工具；但当增长不再、企业运营进入常态化时，OKR 的价值也会被打折扣。

2021 年 5 月 20 日，张一鸣卸任字节跳动的 CEO，他在内部信上表示自己对过去一年的三个 OKR 都不满意，新的一年要思考更长期的 OKR。几个月后，字节跳动管理研究院的 OKR 提高部（专门研究公司内部 OKR 使用情况的部门）也不再硬性要求本部门员工填写 OKR。牵头部门率先行动，其他部门多多少少也会给员工减负。越来越多的业务负责人开始隐藏自己的 OKR 或者隐藏部分内容，这正说明字节跳动正在做出改变，OKR 的热度也在逐渐退去。

2023 年 2 月 17 日，字节跳动现任 CEO 梁汝波发布员工内部信称，将最近的双月会延期一个月，即公司级双月会改为季度会。这也意味着，OKR 的回顾周期由双月改为季度。

建立在粗颗粒、主动式逻辑上的 OKR 难以有效量化员工产出，如果企业开始稳定，却一直不能形成有效的 KPI 控制，这可能就是个问题。我充分理解诸多互联网企业家鄙视 KPI，但没有任何企业可以逃过 KPI。所以，我有两个结论。一方面，字节跳动的成功更多应该归因于张一鸣的战略眼光，而非其人才管理体系。人才管理体系相对健全，也适配了创业期的需要，但难说强悍，更没有达到对外输出的程度。另一方面，只有顶级的战略才有足够的红利空间，才能用高人才密度的打法，才能在创业期适配"精英式自治"。这一环扣一环的条件过于苛刻，一般企业很难系统学习和对标，而单独拿出某个工具来学习的思路更是不可取。

第 10 章

阿里巴巴：价值观与"阿里味"的结合

阿里被誉为干部管理的标杆之一，它早在 2007 年就建立了组织部，对高级干部进行管理。从实际的效果来看，对内，阿里不仅在兼并了若干企业之后，有丰沛的人才能够快速替换掉对方的管理层；对外，阿里系人才也已经成为互联网领域一股不可忽视的力量。有了"阿里"标签，人才的身价倍增。

那么，阿里究竟采用了什么独特的干部管理模式呢?

精心打磨干部管理工作

简而言之，阿里的干部管理首先从干部标准抓起，然后结合独具特色的机构建设，形成了如今的干部管理体系（如图 10-1 所示）。以下我们回溯一下阿里是如何进行干部管理的。

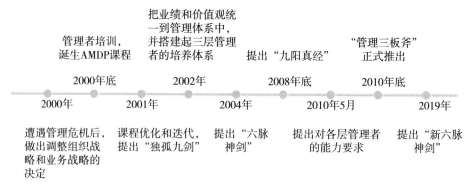

图 10-1　阿里干部管理工作的发展历程

资料来源：穆胜咨询。

干部标准

阿里对干部标准的确定主要体现在价值观和能力这两个方面。

阿里成立于1999年。早期，阿里和一般的创业公司类似，在管理上相对粗放。2000年初，第一次互联网泡沫破碎，阿里资金链濒临断裂，并且随着公司正规化建设，团队成员之间产生不少误会和猜忌，团队稳定性面临巨大挑战。阿里迅速意识到了团队管理的重要性，确定了主抓领导力培养的组织战略方向，提出了对管理者的明确要求和系统化的培训计划。

2000年底，阿里开始与外部培训机构合作开发管理者培训课程，在外部成熟课程体系的基础上进行"本地化"，搭建了针对管理者和员工的三层培养体系，即阿里巴巴管理发展项目（Alibaba Management Development Program，AMDP）、阿里巴巴领导力发展项目（Alibaba Leadership Development Program，ALDP）和阿里巴巴管理技能项目（Alibaba Management Skill Program，AMSP）。创业伊始的短短三年内搭建起这样的培养体系，这对于埋头开拓业务的创业公司来说实属不易，这也在很大程度上体现了阿里强大的管理基因。

2001 年，在对干部进行能力建设的同时，阿里也意识到了价值观的重要性。于是，阿里创始人团队共同提炼出了 1.0 版本的价值观——"独孤九剑"。这九条价值观大多产生于真实的业务场景，都是对遇到的问题的梳理与提炼，体现出浓浓的执行色彩。

此时，阿里对于干部的评价可以概括为"既重视理想主义，也重视现实主义"。其中，理想主义的部分就是价值观，现实主义的部分就是业绩，而业绩的背后是能力。2002 年，阿里开始将业绩和价值观统一到干部评价的框架中，形成了一个典型的二维矩阵。通过这一矩阵，阿里将员工分为了五类，即"野狗""狗""兔子""明星""牛"，从而实现了对员工和干部的分类管理（如图10–2 所示）。

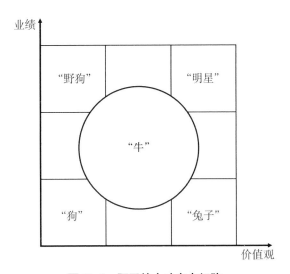

图 10–2　阿里的人才盘点矩阵

资料来源：穆胜咨询。

"独孤九剑"开启了阿里的价值观进化之旅。2004 年，阿里提出了价值观的 2.0 版本——"六脉神剑"。2008 年底，阿里推出了"六脉神剑"的管理版，也就是"九阳真经"，用来考核中高层的管理者。"九阳真经"在原先"六脉神剑"的基础上加入了领导者应具有的"眼光""胸怀""超越伯乐"三个维度要求，是一种更高的价值观标准，也是阿里内部重要的管理思想。

2019 年 9 月 10 日，在阿里成立 20 周年会上，阿里又宣布了 3.0 版本的价值观——"新六脉神剑"，其中选用了阿里的六句"土话"，将指向收敛到了一些底层逻辑上。至此，"新六脉神剑""九阳真经"作为阿里的核心价值观被稳定下来，并逐渐替代了领导力模型，被用于考核基层和中高层的管理者。

在对价值观进行疯狂打磨之后，阿里对干部能力也有了新的认识。在 2010 年召开的人才盘点会上，阿里又发现了若干关于干部管理的问题，于是在紧急召开的组织部大会上提出了对各层干部的能力要求。在这个背景下，阿里在 2010 年底推出了一整套原创的干部能力方法论。这套方法论用阿里"土话"的形式呈现了若干的阿里式管理理念与方法，对头部、腰部和腿部三层管理者都有不同的要求，这就是我们后来经常听到的"管理三板斧"。可以说，"管理三板斧"是阿里在干部管理理念和方法上的一次"拉通"，其具体内容如表 10–1 所示。

表 10–1　　　　　　　　　　　　阿里的"管理三板斧"

名称	层面	能力		
头部三板斧	Management Level	定战略	造土壤	断事用人
腰部三板斧	Director Level	懂战略	做导演	搭班子
腿部三板斧	VP Level	拿结果	建团队	招人和开人

资料来源：穆胜咨询。

至此，阿里基于对干部价值观和管理方法的定义，已经形成了对每一职级干部极度抽象的任职要求。这种思路也影响了一大批的互联网公司。阿里的典型干部任职标准如下。

- P6/M1：独当一面、辅导他人、持续学习。
- P7/M2：领域专家、一杆到底、系统性思考。
- P8/M3：行业深度、全局意识、前瞻规划、推动创新。
- P9/M4：领军人物、策略规划、促进变革、无中生有。

机构建设

阿里的机构建设堪称一大创举，独具"阿里味"。

在创业初期，随着企业规模扩大，阿里陷入了在组织设计上"一放就乱"的忧虑，因为管理层开始思考一线员工如何能够保持价值观的传承。2004 年，阿里推行了颇具特色的政委制度，开始为每个事业群和业务单元派出"政委"。阿里的政委制度强调政委既要打造和传承企业 DNA，又要参与业务部门日常工作，做团队的"二号人物"。说白了，政委其实就是一群有阿里文化烙印，同时具备组织建设专业能力的人，负责帮助业务领导进行团队管理、人才培养和业务决策等工作，同时在这一过程中实现阿里文化的保留、传承和弘扬。显然，政委的直接干预对象应该是作为业务领导的一线干部。

2007 年，阿里进一步强化了对干部的管理，建立了组织部，统筹管理资深总监（M5）以上级别的高层管理者的选、用、育、留等人力资源工作。组织部将对于高阶干部的人力资源管理工作进行了独立运作，在政委条线之外，打通了影响干部的另一条渠道。

时至今日，"管理三板斧"已经成为诸多阿里信徒企业的选择，组织部和政委制度的模式也被很多企业所效仿，甚至出现了大量以此为核心产品的咨询机构。说到向社会输出管理的企业 IP，阿里和华为应该是经常被提起的企业。

阿里的干部管理体系

经过多年的打磨，阿里的干部管理体系已经相对成熟。以下，我们将从五个方面进行介绍。

职级体系设计

阿里在人才发展通道上采取管理岗（M）和技术岗（P）的双轨制晋升路径，涵盖各个岗位，而且 M 和 P 有一定的对等关系，如 P10 研究员的职级相当于 M5 资深总监。除此之外，阿里的管理者又可分为腿部、腰部、头部三层（如表 10-2 所示）。现在，阿里内部的 P5 ~ P8 基数较大，尤其是通过校招入职的 P5 和社招入职的 P6。而从 P8 升到 P9 是一个坎，P9 是普通人能达到的职级天花板。中层往后的晋升，难度会越来越大。

表 10-2 阿里的职级和分层体系

技术岗职级	技术岗职位	管理岗职级	管理岗职位	干部分层
		M10	董事长	
P14	资深科学家	M9	副董事长	
P13	科学家	M8	执行副总裁	高层管理者（头部）
P12	资深研究员	M7	资深副总裁	
P11	高级研究员	M6	副总裁	

续前表

技术岗职级	技术岗职位	管理岗职级	管理岗职位	干部分层
P10	研究员	M5	资深总监	中层管理者（腰部）
P9	资深专家	M4	总监	
P8	高级专家	M3	资深经理	基层管理者（腿部）
P7	专家	M2	经理	
P6	高级/资深专员	M1	主管	
P5	专员			

资料来源：穆胜咨询。

阿里内部鼓励转岗，并设有专门的转岗机制。内部转岗其实相当于一次重新面试，本岗位工作满两年和满五年的员工的转岗流程稍显不同（如图 10–3 所示）。M 和 P 也可以互转。子公司内可以根据工作需要随时转岗。但转岗也有要求，例如，如果你想从技术岗转到管理岗，就需要证明自己能胜任转岗后的工作。

本岗位工作满两年：
① 向现主管提转岗申请 ② 申请通过 ③ 内网搜职位 ④ 线下和对方主管沟通 ⑤ 安排面试 ⑥ 面试通过 ⑦ 提线上流程

本岗位工作满五年：
① 内网搜职位 ② 线下和对方主管沟通 ③ 安排面试 ④ 面试通过 ⑤ 和现主管同步 ⑥ 提线上流程

图 10–3 阿里内部转岗流程图

资料来源：穆胜咨询。

干部任免

阿里坚持外招内养相结合，同时侧重于内部培养的策略，所以阿里的干部约80%是通过内部选拔出来的，约20%是从外面招聘进来的。

阿里对干部招聘有明确的标准，面试时层层筛选，从最初的直接主管的能力把关到政委的文化把关，再到跨平台高级管理者的组织把关，最后到"闻味官"的味道把关，每一层的面试官都有一票否决制，应聘者只要被一位面试官筛掉，就会被拒。

对于内部想要晋升的干部，全年绩效达到3.75就可获得提名。考核时结合业绩、360度评估等，由晋升委员会通过答辩确认结果。反之，如果干部出现如年度综合绩效考核不合格（即3.25）、有重大线上故障等岗位工作不达标或者管理不善的情况，可能会面临降级甚至免职。

值得一提的是，阿里有严格的内部轮岗制度，而且定期会对部分中高级管理人才进行跨部门甚至跨事业群轮岗，以此来培养一批通才型干部。

价值观宣贯

阿里通过培训和价值观考核等传统形式来宣贯价值观，但具体做法上却颇有阿里特色。

每位员工在入职参加培训时都会得到《阿里土话》这本橙色小册子，其中有102句充满价值观的土话，如"今天最好的表现是明天最低的要求""不难，要你干吗""既要，又要，还要"，等等，"阿里味"可谓扑面而来。

此外，阿里以笑脸文化、倒立文化、校园文化、武侠文化为主要特色。

- **笑脸文化**。阿里的 logo 是一个笑脸，而笑脸体现的就是笑脸文化，即快乐工作、认真生活。开心是正能量，具有传播性，同样负能量也有传播性，阿里希望员工虽然觉得累，但是在公司里同样能感受到快乐。

- **倒立文化**。阿里内部有"倒立者赢"这句土话，意思是落后的时候，倒立着思考，或许可以打开新的局面；成功的时候，倒立着看清本质，或许能看清那些被屏蔽的不足。

- **校园文化**。阿里人互相以"同学"相称，很少称呼"总"，称呼"同学"更加平等。

- **武侠文化**。阿里的武侠文化很浓，这与淘宝有很大的关系。从最初淘宝论坛上的花名开始，武侠风在公司内部风靡，慢慢地，阿里就成了侠客们的江湖。阿里内部也流传着"有人的地方就有江湖"这样一句话。

阿里在价值观宣贯上投入了巨大的精力，希望通过一系列活动促进核心价值观的宣贯落地，引导干部乃至员工提升自我，保持积极向上的状态，同时更好地融入企业氛围。

干部能力培养

阿里非常注重对干部能力的培养，针对不同层级的管理者，分别开发和定制了各种正式和非正式的课程（如图 10-4 所示）。

阿里内部针对一些接班人、高级干部开设了"风清扬班"，针对总监及以上人员开设了"逍遥子班"，目的是选一批骨干高管进行培养。这足以体现出阿里对人才梯队培养的重视，以及他们对于师徒传承关系的一种近乎偏执的热衷。

除此之外，P8/M3 职级以下和 P9/M4 职级以上的新晋管理者，分别需要参加百年阿里和百年湖畔的培训，通过老员工经验分享、高管面对面等活动了解企业的文化和历史，建立与组织的联结。

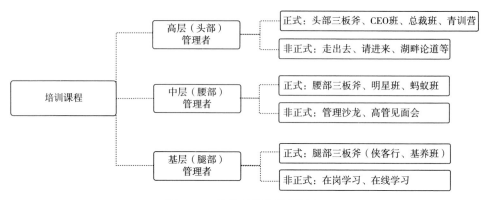

图 10-4　阿里的干部培训课程

资料来源：穆胜咨询。

干部激励

阿里对管理者的激励以奖金和股权激励的形式为主，而激励的发放取决于对干部能力、绩效等的评估。

阿里对于不同层级管理者的考核内容有以下区别。

- 对 M1 到 M3 的腿部管理者，考核业绩和"新六脉神剑"价值观，占比均为 50%。考核时，默认有价值观共鸣且完成业绩要求即可。
- 对 M4 以上的腰部和头部管理者，考核业绩、"九阳真经"价值观和团队，占比分别为 40%、30% 和 30%，强调带团队和传递公司文化的能力。考核时，除了对价值观和业绩有要求，还非常重视带团队的能力。此外，价值观的考核标准也上了一个层次。

阿里干部管理的效果

阿里以人才辈出、良将如潮而著称，让我们以数据为标尺对其干部管理效果进行评估。

出成效率

概括地说，阿里的人才成长体系和绝大多数巨头的非常类似，即以赛马式选拔为主，在有足够多的人才供给的前提下，选拔最优秀、开窍最快的员工。

虽然阿里没有标准的晋升频率，也没有把对工龄的要求写在明面上，但是我们抽取了 37 个样本，结合互联网上的信息，总结了其职级晋升经验，最终得出了阿里员工的职级晋升图（如 10–5 所示）。基层管理者晋升一级基本都需要 2 ～ 5 年，随着职级的升高，晋升越困难，而且每个人的能力和机遇的不同，其晋升的速度也会不同。

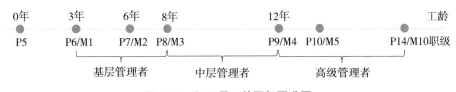

图 10–5 阿里员工的职级晋升图

注：数据仅供参考，实际情况因人而异。
资料来源：穆胜咨询。

随着互联网时代的红利期进入尾声，各业务单元都在降本，晋升难度也在加大。例如，阿里以前从 P5 晋升 P6 的难度最低，基本 1 ～ 2 年就可以升职，现在基本需要 3 年。相比其他巨头（如腾讯），阿里的晋升速度明显较慢，这就导致内部有员工因为无法晋升而选择跳槽或离职。

此外，不难发现，阿里社招员工的晋升比校招员工快，有一个来自阿里匿名员工的解释非常有意思："这就好比修仙，社招进来的等于抄近路进来的，根基不稳，内部晋升虽然难，但是底子好，有一定的基本盘。"

外溢效应

此前，阿里公司曾公开表示："30 年以后，我们每年向社会输出至少 1000 名在阿里工作 10 年以上的阿里人。"IT 桔子提供的数据显示，截至 2023 年 5 月，阿里系创业者达到 934 名，可谓处于中国互联网科技公司中输出创业者的第一梯队。而根据阿里的财报显示，截至 2022 年上半年，阿里已累计为社会输送了 1.3 万名优秀人才。这些人才如今已经成为中国商界一股不可忽视的势力，其中不乏知名创业者，如滴滴出行的投资人王刚和创始人程维、大众点评的首席运营官吕广渝、美团点评前首席运营官干嘉伟、去哪儿网的前总裁张强等。

从行业分布上来看，阿里系创业项目覆盖 10 个领域（如图 10-6 所示）。其中，企业服务、金融、本地生活、汽车交通和教育等行业的创业者最多。这些创业者将阿里的经验和资源平移到项目中，基本都可以获得一个非常好的创业起点。

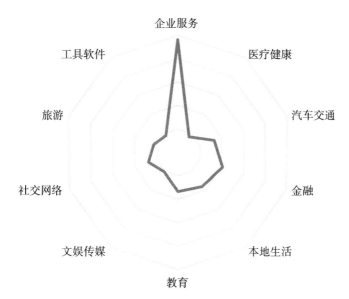

图 10-6　阿里系创业项目涉及的领域

注：数据截至 2023 年 5 月。

资料来源：穆胜咨询、IT 桔子。

阿里干部管理工作的五大特色

我们发现，阿里强大的干部管理工作有以下五个鲜明特色。

特色一：原创方法论，强调阿里式管理理念。从 1999 年成立之初管理相对粗放，到意识到组织管理的重要性并开始行动，阿里只花费了一年多的时间。那时，阿里正处于业务的飞速发展期。

创业前三年，阿里对引入的外部成熟课程体系进行了"本地化"，搭建了针对三层管理者的培养体系（AMDP、ALDP、AMSP）。而在 2010 年，阿里更是推出了一整套原创的"管理三板斧"，用"阿里土话"的形式呈现了若干的"阿里式"管理理念与方法。此时的阿里已经是一家相当成功的企业，投入巨大的精力来澄清、统一管理思路也需要很大的勇气。

特色二：价值观挂帅，作为评价干部的统一标准。阿里重视企业文化的渗透，先是结合"阿里土话"创造了有"阿里味"的价值观，然后不断迭代核心价值观，从"独孤九剑"到"六脉神剑"再到"新六脉神剑"。

值得一提的是，针对基层和中高层管理者的价值观考核内容有所不同，分别考核"新六脉神剑"和"九阳真经"，后者强调带团队和传递公司文化的能力，价值观的考核标准也上了一个层次。

我们进一步发现，阿里的价值观模型几乎替代了领导力模型，成为干部评价的重要标准。甚至可以说，在绩效评价难以精准的背景下，价值观成了最大的评价标尺。一手用"新六脉神剑"和"九阳真经"来务虚，一手用"管理三板斧"来务实，阿里可谓把对干部的影响做到了极致。

特色三：海量场景，对干部进行理念和方法的渗透。阿里结合干部"管理三板斧"方法论，不仅为不同层级的管理者分别定制了不同的课程，还为骨干高管开设了"风清扬班"和"逍遥子班"，这足以看出阿里对人才梯队培养的重视。

特色四：政委制度，关注文化传承和干部培养。在企业规模不断扩大、业务不断多元化的前提下，阿里通过政委制度实现了人事权的部分回收，也达到了一定的文化传承效果，更对各条线业务管理者进行了制衡。

特色五：重视"阿里味"，招聘选拔流程层层筛选。阿里极具特色的干部管理，需要的是一群"有阿里味"的人，于是他们在招聘选拔上设置了明确的标准和极其严苛的程序，不仅层层筛选，而且每一层的面试官都有一票否决权，最后还有"闻味官"来把关。这种形式的选拔自然成本极高，但阿里愿意为此投入。

有意思的是，即使是高级管理者，在初入阿里时也不能参与招聘。阿里的理由是，此时的他们尽管能力突出，但还不理解阿里。

对阿里干部管理体系的三大假设

阿里的干部管理体系是个让人难以评价的体系。你说它对，好像又漏洞百出；你说它错，好像又逻辑自洽。别人引过去，好像就不好用；自己用，虽然跌跌撞撞，但好像又挺强大，且还有彪炳的业绩加持。

通过追根溯源，我们发现，上述的关键分歧在于以下三个环环相扣的管理假设。

假设一：管理究竟是"科学"还是"温度"？这是阿里干部管理体系，甚至是所有管理体系的核心命题。现实中，我们能够分析出阿里干部管理的一些漏洞，如价值观考核无效、"叫花名"无法实现去官僚化。但如果你提出这些问题，阿里人马上就会说"因为相信，所以看见"，或者反驳说这是"借假修真"。

换句话说，阿里的干部管理体系有点"信则灵"的意思，似乎建立了一套自己的信徒会相信的逻辑。这套逻辑有一道门，进入的就会相信且觉得合理；门外的只会觉得"玄"，难以理解。至于要不要进门，那就是你自己的选择了。

例如，什么是"阿里味"呢？阿里倾向于不设置精确的评价标准，而更多的是凭"闻味官"的感觉。你相不相信有"阿里味"这个东西呢？你相不相信"闻味官"能够闻出味道呢？那就是你自己的选择了。

再如，对于干部评价，阿里也不主张精确评价，而是强调这"没有公平，只是一种选择"。如果你相信你的上级、相信公司，你就要相信他们的选择；如果不相信，你就可以离开。

又如，阿里的若干管理方法是口口相传的，内部人的评价是"不一定拿得上台面，其他企业肯定实施不了，但在阿里内部一定好用"。很典型的例子是，阿里内部有一种声音，倾向于打压新人，即使新人的能力和业绩很突出，最初他们也不会获得高评价。这样操作的理由是要把新人"打碎了后重新揉起来"。我们的理解是，这是要让新人摆脱过去所在企业的影响，把自己重新塑造为阿里人。

假设二：价值观能否作为一种管理标准？能否考核？能否宣贯？上一个假设引发了这个假设。如果坚信管理是可以科学化的，那就一定不会选择价值观来作为管理标准，因为这个标准太模糊了；反之，如果坚信管理主要依靠"温度"和"手感"，价值观就会成为利器。因为价值观可以无限延展、无限阐释、无限应用。

阿里显然已经将价值观视为核心的管理标准。在阿里的干部分类模型中，一个维度是绩效，这个维度的评价和其他企业一样，长期拉不开差距，困在"平均3.5"里；另一个维度是价值观，虽然同样拉不开差距，但可以作为一把悬在被评价者头上的"达摩克利斯之剑"。

价值观可以考核吗？虽然阿里已经用行为锚定法对"新六脉神剑"进行了阐释，但这种标准依然难以考核，有以下两个原因。一是，员工的行为模式相对稳定，不可能每季度/每半年变一次；二是，员工很容易将自己的行为保持在及格分水平。结果自然是除了重大的奖惩，绝大多数上级都会为下级平均给分。如此一来，价值观考核实际上就失去了对员工的牵引作用。

价值观如果不能考核，那可以宣贯吗？显然，价值观的宣贯是有必要的，但至于有多大作用就又回到"信则灵"的问题了。

假设三：政委制度能不能作为一种组织的控制手段？ 上一个假设又引发了这一个假设。组织的规模大了，应该如何控制呢？阿里给出的一个答案是，可以建立政委制度，更准确地说，是借助政委制度推动价值观渗透与传承。

客观上说，中后台的资源和制度都有统一性，不可能适配前台的每个业务单元，而深入业务场景的"政委"显然可以充当润滑剂。但"政委"发挥这种作用的前提是有一个载体。那么，阿里的"政委"发挥作用的载体是什么呢？

阿里对政委的要求有四个，即懂业务、促人才、推文化、提效能。现实中，"懂业务"是个前提，而"促人才"和"推文化"是阿里要求的重点产出，远远大于"提效能"。也就是说，以价值观选人才，推动价值观渗透、传承，才是政委工作的核心。

问题来了，价值观作为政委发挥作用的载体效果如何呢？事实上，一位政委有没有"促人才"和"推文化"显然是不容易客观评价的。政委无疑强化了对业务单元的控制，但至于有没有促进业务单元的良性运作，在价值观的阵地上，这依然是个"信则灵"的问题。

多方信息显示，阿里的"政委"的确遭到了不懂业务、权力过大等质疑。极端的说法甚至认为，阿里的部分政委有沦为"锦衣卫"的嫌疑。有意思的是，阿里合伙人、前首席人力资源官彭蕾曾多次提出警告，要预防 HR"锦衣卫化"。现实是，如果阿里预设了一种不被监督的权力，那么滥用这种权力几乎是不可避免的。部分政委最开始可能是"屠龙少年"，最后有可能也变成了"恶龙"。

关于阿里干部管理工作的几点思辨

阿里的干部管理算成功吗？其他企业能不能学阿里？以下，我谈谈自己的一些看法。

阿里的干部管理体系是一把利剑，匹配了互联网与数字化时代提出的要求，为阿里的发展迅速打造出了强悍的干部队伍。但这把利剑也是把双刃剑，存在一定风险。原因如下。

第一，阿里的干部管理体系建立在极强的创始人权威的基础上，创始人个性鲜明，属于"道"的范畴，其可持续性容易受到挑战。

该体系可能很容易在创始人意气风发时被建立起来，但其基础也容易在创始人隐退之后被动摇。有些观点本身并不客观，属于公说公有理、婆说婆有理，如"因为相信，所以看见""管理没有公平，只是一种选择"，有创始人的背书时，这些观点可能特别有影响力，反之就会失去影响力。

第二，阿里的干部管理体系过分强调了"价值观""阿里味"等主观标准，给予了上级"无限开火"的考核评价权，容易导致管理上的失控。

上级领导自然可以自由发挥，凭借自己的理解来阐释价值观和"阿里味"，形成自己领地里的"土规矩"。如果干部们都没有太大的私心，那其下级可能会凝聚在一起，维护其共有的价值观；但如果干部们有了不当的私心，那企业就会逐渐"江湖化"，干部们就会拥兵自重，团队可能会分崩离析。

那么，干部们会不会有太大的私心呢？价值观是能发挥正本清源的作用，还是会被滥用？这还是回到了创始人权威的问题。如果创始人在位，镇得住场，那问题就不大。但如果创始人退位，干部中的老臣们可能就很容易出问题。

从我们接触的信源来看，的确有反映阿里存在"江湖化"倾向的观点。尽管现有证据无法支持我们做出判断，但这对于阿里来说是一个可能存在的风险。

第三，一个过于主观的评价系统，再加上太多"一票否决"的程序设计容易导致企业过度"人情化"。

为了让干部适配这个体系，阿里在招聘和选用流程上设计了严苛的层层审核。表面上看，这种方式是审慎择人，但实际上，这种设计有可能选出会处关系而不会做事的干部，导致有些人被流程剔除。而如果干部们收起个性，将精力放在为人处世上，企业的战斗力可能就会被逐渐消耗。阿里有没有这个问题？可能只有阿里的同学们有发言权了。

所以，我的结论是，一方面，我们要看到阿里干部管理体系中的精彩实践，以及阿里重视组织管理，投入巨大成本淬炼原创管理方法论，并持续进行宣贯、拉通，这值得所有企业学习；另一方面，我们也要看到这个体系的双刃剑效应。早期的创业公司可以采用阿里的干部管理体系，简单直接，能解决企业当下的生存问题，而一旦企业成长壮大，就必须迅速从人治转向法治，建立起更具有普适性和持续性的干部管理体系。

第 11 章

腾讯：扁平架构下的疯狂赛马

作为互联网头部企业，腾讯的发展可用"超速"来形容。与业务扩张匹配的是其组织与人员规模的快速扩张，显然，这对其人才储备，尤其是干部储备提出了极高的要求。可腾讯似乎一直没有为缺少干部而发愁，为何能具备这样的底气？

在组织与人力资源领域，腾讯的 HR 三支柱组织架构闻名全国，被众多企业所效仿，但其人才管理方法却远不如华为和阿里出名。带着强烈的兴趣，穆胜咨询对这个主题进行了研究，并总结出了腾讯人才管理的干货。

与时俱进的"帝企鹅"领导力模型

一家企业人才管理的核心是其干部评价标准，这既是企业人才管理理念的集中体现，更是后续进行人才管理的基础。

腾讯通过"帝企鹅"领导力模型评价人才的领导力，同时以这一模型为核心，使用 360 度领导力评估、人才九宫格等工具评估干部。评估结果用于指导后备干部培养，制订干部继任计划，以及对干部进行动态管理。

"帝企鹅"模型有两代。

原模型中的素质项和价值观混同一体，具有非常明显的价值观导向意味，例如，正直、开放等更侧重于价值观而非素质。这种模型可用于宣传，但在应用落地时比较尴尬。例如在干部考察时，素质项和价值观是什么关系，孰轻孰重？又如在干部培养时，偏价值观的维度难以通过传统项目来干预。

2019 年，随着变革的推进，腾讯同步升级了新帝企鹅领导力模型。新模型对能力与价值观做了区分，一方面更加具象化了对于素质的要求，便于落地应用；另一方面，将价值观部分统一为模型的底座，共识为公司的统一要求（如图 11–1 所示）。

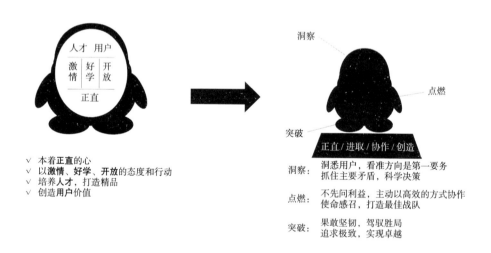

图 11–1　"帝企鹅"领导力模型

资料来源：穆胜咨询根据公开资料整理。

新"帝企鹅"领导力模型具有以下两个特点。

- **更具"战斗"气息。** 洞察（Insight）、点燃（Inspire）、突破（Win），All in，导向非常明确，都在引导干部重返"战场"，赢得胜利。
- **关键素质项更加简洁清晰。** 洞察、点燃、突破，三大关键词，六条行为要求，简洁有力，体现了腾讯作为互联网公司在管理上也同样以用户为导向，把管理者当用户一样对待。

很多公司可能建立了一套很漂亮的模型，却将其束之高阁，只作摆设。其实不是模型没用，是不会用。在腾讯，"帝企鹅"领导力模型不仅在意识行为的宣贯上得到了强应用，还在干部选拔、员工发展、绩效考核上都得到了强应用。

腾讯的人才管理体系

腾讯作为一家超大型的互联网公司，下辖六大事业群，基本联结了国内的所有人群。作为多业务集团，腾讯有一套完整的人才管理体系（如图 11-2 所示），并专门出台了《腾讯管理干部管理规范》，其主要对象为高层、中层和基层管理者。

管理干部成长路径	标准	评估与选拔	培养与发展	任命与留用
高层管理者 中层管理者 基层管理者	"帝企鹅" 腾讯管理干部素质模型	・领导力 360 评估 ・通过人才盘点九宫格识别后备干部 ・继任计划	・领导力 360 反馈 ・培养与发展：多管齐下	・任命：综合绩效、能力、资质 ・不胜任管理干部的主动管理

图 11-2 腾讯人才管理体系

资料来源：穆胜咨询根据公开资料整理。

职级体系设计

腾讯将管理干部划分为高层管理干部、中层管理干部和基层管理干部。

高层管理干部指管理职级在公司副总裁以上（含公司副总裁）级别的管理干部，包括公司副总裁、高级副总裁、高级执行副总裁等。

中层管理干部指管理职级为助理总经理、副总经理、总经理的管理干部。

基层管理干部指管理职级为副组长、组长、副总监、总监、高级总监的管理干部。

专业通道分成六大级，每个大级分成三小级，这六个级别分别为初做者、有经验者、高级（骨干）、专家、资深专家、权威。

2019 年，腾讯宣布调整职级体系，将原有的 6 级 18 等（1.1 ~ 6.3 级）优化为现在的 14 级（4 ~ 17 级）。以工程师为例，我们对比一下腾讯职级体系在优化后的变化（如表 11–1 所示）。

表 11–1　　　　　　　　　　　腾讯职级体系

旧职级体系		新职级体系	
职级	职位 / 称呼	职级	职位 / 称呼
1.1		—	—
1.2	助理工程师	4	4 级工程师
1.3		5	5 级工程师
2.1		6	6 级工程师
2.2	工程师	7	7 级工程师
2.3		8	8 级工程师

续前表

旧职级体系		新职级体系	
3.1		9	9 级工程师
3.2	高级工程师	10	10 级工程师
3.3		11	11 级工程师
4.1		12	12 级工程师
4.2	专家工程师	13	13 级工程师
4.3		14	14 级工程师
5.1			
5.2	资深专家工程师	15	15 级工程师
5.3		16	16 级工程师
6.1			
6.2	权威专家	17	17 级工程师
6.3			

资料来源：穆胜咨询根据公开资料整理。

腾讯的管理职级看起来很长，但仍然保持着一个较为扁平化的结构，这也是互联网公司灵动、敏捷、快速反应的需求。在这种结构下，从高层管理者到一名普通员工的决策执行往往只有三到四层的传递，即 VP—GM—总监 / 团队负责人—员工。

为了给予一些专业能力很强，但不愿意走管理路线的员工更好的发展空间，腾讯的管理通道和专业通道是互通的（如图 11–3 所示）。专业 3 级对应基层管理者，专业 4 级对应中层管理者。中层管理者一般也会保持着自己 4 级专家职级或者 3.3 的专业职级，只不过晋升到中层管理者以后，专业通道的作用会逐步淡化。反过来说，4 级对等中干，而专业通道中 4 级较多，也是一个解决技术宅们上升空间问题的重要举措。

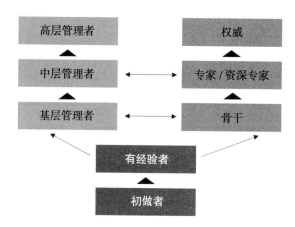

图 11-3 专业和管理通道的互通

资料来源：穆胜咨询根据公开资料整理。

干部任免

腾讯公司总裁刘炽平提出"腾讯不可以把干部变成终身制，但长期来讲，会鼓励'能上能下'的文化。在干部体系中要有一定的流动性。""能上能下"的文化意味着腾讯有明确的干部任免基本原则和干部任职资格要求。

干部任免的基本原则

满足组织发展的需要。管理干部的岗位设置遵循以组织或业务发展为目的。

公正公平。在晋升／任命时严格遵照干部管理规范对管理者的资历、胜任力和重大突出贡献三方面进行考察，减少主观判断，增强客观性；确保干部选拔的公正公平，并符合公司中长期发展需要。

逐级晋升。干部的管理职级应逐级晋升，跨级晋升需特殊审批。外部引入的管理干部根据其任职资格确定管理职级。

能岗匹配。干部的管理职级应根据公司相关任职资格和能力要求确定，与所在岗位无直接对应关系。管理职级反映管理干部的管理能力和成熟度，岗位变动通常不直接影响管理职级。

原则上如果拟任命干部经过任职资格审核、晋升 / 任命评估后未能通过，那么下一次晋升 / 任命评估要间隔六个月或以上，以确保在此期间拟晋升干部得到培养和提升。

任职资格

以下任职资格为各级管理干部晋升的基本条件。人力资源部组织发展中心或各事业群 / 线人力资源中心将从资历、胜任力、重大突出贡献三方面对拟晋升干部进行评估（如表 11-2 和表 11-3 所示）。

表 11-2			晋升的资历要求		
管理层级	管理职级		资历		
		培训及培养	管理经验	上一管理职级经验
高层管理人员	L6	高级执行副总裁（SEVP）	负责核心业务领域；一个或多个主要业务领域或职能领域的负责人；对公司整体中长期业绩有重要影响；对分管领域有决策和管理权		
	L5	高级副总裁（SVP）			
	L4	公司副总裁（CVP）			
中层管理人员	L3-3	总经理（GM）	通过飞龙培训。取得相应资格（内部培养晋升为必选项。外部引进为可选项）	12 年以上相关专业经验。其中含 10 年以上管理经验。原则上具有"部"管理经验	担任副总经理 3 年及以上

续前表

管理层级	管理职级	资历		
		培训及培养	管理经验	上一管理职级经验
中层管理人员	L3–2	副总经理（VGM）	通过飞龙培训。取得相应资格（内部培养晋升为必选项。外部引进为可选项）	10年以上相关专业经验。其中含8年以上管理经验。原则上有"部"管理经验	担任助理总经理2年及以上
	L3–1	助理总经理（AGM）		8年以上相关专业经验。其中含6年以上管理经验；原则上具有"中心"第一负责人经验	但在总监3年及以上
基层管理人员	L2–3	高级总监	通过潜龙培训。取得相应资格（内部培养晋升为必选项。外部引进为可选项）	7年以上相关专业经验。含5年以上管理经验。原则上具有"组"第一负责人管理经验	担任总监2年以上
	L2–2	总监		5年以上相关专业经验。含3年以上管理经验。原则上具有"组"第一负责人管理经验	担任副总监1年以上
	L2–1	副总监		3年以上相关专业经验含1年以上管理经验；原则上具有"组"第一负责人经验	担任组长1年以上
	L1–2	组长		2年以上相关专业经验。具有团队管理经验	担任副组长1年以上
	L1–1	副组长		1～2年以上相关专业经验。具有团队管理经验	硕士1年以上专业经验；本科2年以上专业经验

注：如跨职级晋升，上一管理职级经验需累加计算。
资料来源：穆胜咨询根据公开资料整理。

表 11-3 晋升的胜任力要求

管理层级	管理职级	胜任力		
		企业文化认同度	绩效与潜力	专业能力
中层管理人员	L6	高级执行副总裁（SEVP）	领导力 360 度评估中的价值观相关项和公司倡导的企业文化项平均分高于 4.8，单项高于 4.5（中高层管理干部领导力素质模型文化项：正直诚信、激情、全局观、前瞻变革）	由人力资源管理委员会根据相关标准酌情判断	
	L5	高级副总裁（SVP）			
	14	公司副总裁（CVP）			根据领导力 360 度评估中"专业决策"得分和在专业通道中的贡献进行评估
高层管理人员	L3-3	总经理（GM）		依据人才盘点，绩效与潜力俱佳者（参见中高层管理干部领导力素质模型详细要求）	专业 3 级普通等级以上：精通相关领域的前沿专业知识，能够解决较复杂的问题或领导中型项目/领域
	L3-2	副总经理（VGM）			
	L3-1	助理总经理（AGM）			
基层管理人员	L2-3	高级总监	领导力 360 度评估中的价值观相关项和公司提倡的企业文化项平均分高于 4.8，单项高于 4.5（基层管理干部领导力素质模型文化项：尽责合作、职业形象、变革创新）	依据人才盘点，绩效与潜力俱佳者（参见基层管理干部领导力素质模型详细要求）	专业 3 级普通等级以上：精通相关领域的专业知识，负责小型项目/领域，或负责大中型项目/领域的具体模块工作
	L2-2	总监			
	L2-1	副总监			
	L1-2	组长			专业 3 级普通等级以上：熟练掌握相关领域的专业知识，能够应用专业知识独立解决问题
	L1-1	副组长			

资料来源：穆胜咨询根据公开资料整理。

干部晋升 / 任命流程

基于任职资格确定符合基本条件者，由人力资源部组织发展中心或各事业群 / 线人力资源中心推动干部晋升 / 任命流程，由相关管理决策团队最终决策是否能成功晋升。

图 11-4 和图 11-5 展示的分别是中层干部和基层干部的晋升流程。

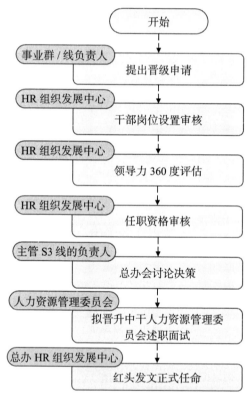

图 11-4　中层干部的晋升流程

资料来源：穆胜咨询根据公开资料整理。

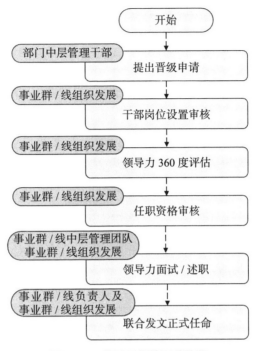

图 11-5 基层干部的晋升流程

资料来源：穆胜咨询根据公开资料整理。

中层和基层干部的晋升流程大致差不多，只是中层干部的晋升流程多了一项"总办会讨论决策"，即总办决定是否需要安排拟晋升述职面试。如需要，则形成需安排述职面试的总办决议，由人力资源部组织发展中心推动述职面试流程；如不需要，则形成晋升/任命是否通过的决议。

最后的任命都需要发布正式文件，中层干部的任命由人力资源部组织发展中心根据总办决议，发布红头文件，宣布正式任命，而基层干部的任命则由各人力资源中心负责组织发展相关工作的同事推动审批与任命发文流程。

价值观宣贯

价值观发展史

自 2003 年腾讯文化正式发布以来，随着公司发展、战略升级和组织架构调整，腾讯文化已经迭代升级了三个版本（如图 11-6 所示）。

1998－2003年	2005－2011年	2011－2019年	2019年至今
首次提炼出了腾讯文化1.0版本，这是创业初期的文化萌芽	腾讯文化2.0发布，将腾讯价值观定义为：正直、尽责、合作、创新	腾讯文化升级为2.1版，"尽责"升级为"进取"，鼓励与帮助员工与公司共同成长	全面迭代为3.0版本，"用户为本，科技向善"作为公司核心文化理念，价值观同时升级为：正直、进取、协作、创造

图 11-6　腾讯价值观的迭代

资料来源：穆胜咨询根据公开资料整理。

腾讯文化 2.0 是该公司的文化开始成熟的里程碑，其中将公司价值观定为"正直、尽责、合作、创新"。2011 年，随着腾讯进一步开放，"尽责"升级为"进取"。2018 年 9 月 30 日，腾讯启动第三次战略升级和组织架构调整，提出"扎根消费互联网，拥抱产业互联网"。2019 年 11 月 11 日是腾讯成立 21 周年纪念日，公司价值观更新为"正直、进取、协作、创造"。

"正直"就是鼓励员工"坚守底线、以德为先，坦诚公正不唯上"。

"进取"强调"无功便是过，勇于突破有担当"，同时倡导员工不断追求卓越。

"协作"更具明确的价值导向，即"开放协同，持续进化"。对内要求员工放大格局、打开边界，以开源的心态与各组织协同，用符合互联网思维的方法和工具进行协作；对外要求员工广泛协同伙伴和生态力量，创造更大价值。

"创造"指向更高的要求，意味着"超越创新，探索未来"。要求员工不断突破现有思维，保持对前沿和未来领域的关注和投入，以更有分量、更具结果的导向去创造更大价值。

～化源自创始人团队。随着公司发展，不断有业务、员工在丰

～的期待

20 多年来，无论是对业务影响依～时～

的"瑞雪"[①]，还是"一切以用户价值为依归"的理念，腾讯文化都员～

价值观体现

为了更加生动形象地传达腾讯的价值观，腾讯特意选择了五种小动物（如图 11-7 所示）。

图 11-7　腾讯价值观的代表

资料来源：腾讯官网。

---

① "瑞雪"是腾讯人的行为方式，是腾讯人良好行为的代称。"瑞雪"不仅涵盖道德、礼仪，还包括腾讯人的职业行为和高压线禁区。

长颈鹿代表正直（长颈鹿的脖子长而直）；海燕代表进取（不惧困难，勇往直前，迎接挑战）；犀牛与犀牛鸟代表协作（两者在自然环境中形成相互协助的生存关系）；鹦鹉螺代表创新（鹦鹉螺初生时不会上浮，螺仓在生长过程中逐渐变多，成年鹦鹉螺可利用对螺仓充气的方式浮出海面）。

腾讯的价值观也是领导力模型中的重要组成部分，作为其模型的底座和内核，也对腾讯的干部提出了以下更高的要求。

洞察。需要更具前瞻性和洞察。管理者要作为带头人，回归用户，敏锐洞察用户需求，捕捉市场机会。

点燃。腾讯总裁刘炽平明确提出，“干部要饥渴，不要做富二代”。干部队伍需要点燃、激活，并且“不仅自身硬，还要团队强”。

突破。“无功便是过，服从大局打硬仗”，干部不能躺在功劳簿上，需要再立新功。这是对干部业绩的硬要求，要拿结果，要突破，要赢。

人才能力培养

腾讯的人才培养以发展为导向，对人的应用主要在选、用、育、留四个方面开展，由腾讯学院制订完善的培养计划（如表 11–4 所示）。

表 11–4　　腾讯的选、用、育、留计划

应用场景	基于九宫格	核心人才 / 梯队名单	后续行动计划
选			• 年度重点岗位招聘需求 • 储备干部（1 年内可晋升和 1 年以上储备）

续前表

应用场景	基于九宫格	核心人才 / 梯队名单	后续行动计划
用	针对性的管理培训	• 公司级和 BG 级专业人才培养项目（新攀登、腾飞、飞跃） • TT 人才个性化的职业发展	• 潜 龙 培训（公司级储备基干） • 育 龙 培训（BG 级储备基干）
育	骨干能工	TT 人才库	未来一年基层干部晋升、调岗、免职计划
留		• 长期激励 • 调薪	

资料来源：穆胜咨询根据公开资料整理。

腾讯自上而下都非常重视对高级人才的培养。从 2005 年起，腾讯就开始有意识地寻找职业经理人来充实干部队伍。高级职业经理人可以解决公司在管理上的专业性问题。公司的老员工虽然可能没有职业经理人专业上的优势，但在把握用户需求等技术层面做得很好，因此从外部引进的职业经理人可以与老员工配合，实现优势互补。

腾讯还下大力气对高级人才进行培养，为此提出了"辅导年"的概念，也就是说，要求各层级的领导运用人力资源团队开发的标准化工具和流程，针对下属的业绩和发展提供教练服务。"辅导年"活动先从最高层领导开始，在总办的核心团队中推行。由于效果良好，逐渐从高层、中层往下普及开。人力资源部为此设计了高层论坛，定制了辅导课，并在内部网站上开设了辅导专区。

人才激励

腾讯早期采用非限定股票期权（non-qualified stock option，NSO）作为激励工具。后来逐步推行限制性股权（restricted stock unit，RSU），以达到更好的激励效果。腾讯允许干部层级自行选择激励工具（NSO 或 RSU，或两者组合）。

为了激励的相对公平，避免因股价暴涨暴跌导致激励过度或激励不足，腾讯通过《员工行使限制性股票（RSU）程序手册》规定了 RSU 收益的计算方式，将跨度较长的两个时点股价取平均，将收益相对处在可控范围内。

虽然股权激励是面向所有员工的，但在实际操作中，除了干部之外，也鲜有员工能获此殊荣，其实这也可以视为干部激励的重要组成部分。而股权激励的授予数量主要取决于岗位情况、专业经验和绩效表现。

腾讯人才管理的效果

腾讯 2021 年的财报显示，公司平均每天净赚超 6 亿元，如此优秀的年度成绩单足够令其傲视绝大多数企业。在获得高业绩的同时，腾讯也的确人才辈出，微信创始人张小龙及王者荣耀之父姚晓光等业内大佬都是"腾讯出品"。回归理性，腾讯的人才管理做得真的好吗？

出成效率

腾讯的人才培养计划相对清晰，公司针对不同层级的管理干部制订了不同的培养计划，也为公司的高速发展提供了充足的人才储备。例如，"飞龙计划"培养了 300 多名核心管理干部，公司内部 70% 以上的中层管理者都是飞龙校友；"新攀登计划"是针对专业技术人员晋升专家的后备培养计划，与管理人才培养形成双通道。但在 2019 年职级体系更新后，腾讯将全部等级统一，形成新的职级体系。

……腾讯员工与前员工的反馈的晋升经验信息，总结出了最新的腾讯职级晋升图（如图 11–8 所示）。

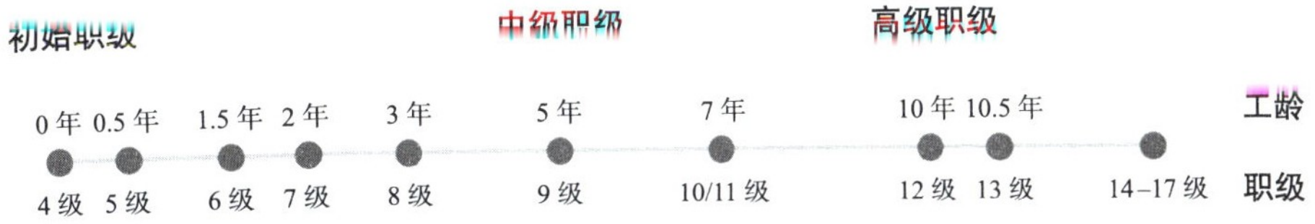
初始职级
中级职级
高级职级
工龄
0 年
0.5 年
1.5 年
2 年
3 年
5 年
7 年
10 年
10.5 年
职级
4 级
5 级
6 级
7 级
8 级
9 级
10/11 级
12 级
13 级
14–17 级

图 11–8 腾讯员工职级晋升图

注：数据仅供参考，实际情况因人而异。

资料来源：穆胜咨询根据公开资料整理。

过去，腾讯的职级晋升还是很困难的，尤其是大级别的晋升，如 T2 升 T3、T3 升 T4，这就导致非常多的人无法晋级，更是有人在社交平台上吐槽自己无法晋升。但在 2019 年职级体系全面升级后，腾讯的晋升明显变得平滑了，“卡大级别”的现象有所好转。

外溢效应

IT 桔子提供的数据显示，截至 2023 年 5 月，腾讯共输出了 726 位创业者、98 位投资人和 15 位天使投资人（包括部分还在腾讯就职或从事顾问类工作的人）。和阿里一样，这些人才都是我国互联网科技公司中创业者第一梯队中的一员，很多都是我国企业家中的佼佼者，如美团首席财务官、高级副总裁陈少晖，猫眼娱乐原总裁顾思斌，莉莉丝游戏创始人兼 CEO 王信文等。

从行业分布上来看，腾讯系创业项目主要覆盖 10 个领域（如图 11–9 所示）。其中，企业服务、金融、游戏、社交网络和文娱传媒类项目最多。这些创业者在腾讯获得的经验足够为创业提供一个好的背景和起点。

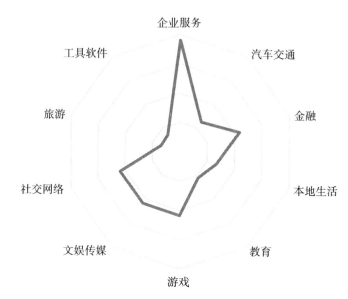

图 11-9　腾讯系创业项目涉及的领域

注：数据截至 2023 年 5 月。

资料来源：穆胜咨询、IT 桔子。

腾讯的三个经典操作

　　腾讯的人才管理体系是比较完备的，这在飞速发展的互联网企业中显得格外突出，值得尊重。仔细还原其人才管理体系，我们发现有三个经典操作，成就了其极高的干部培养效率。

操作一，扁平化决策流程

作为一家大型企业，腾讯的职级体系有 14 级（4 ~ 17 级）之多，但其管理架构却极为扁平化，一个决策链条往往只有 3 ~ 4 个节点，即 VP—GM—总监 / 团队负责人—员工。按照其说法，这是为了适应互联网公司做出灵动、敏捷、快速反应的需要。

值得注意的是，腾讯一直强调专业技术和管理是分开的，职级体系不是应用在管理上，而是为了衡量专业水平。这对于薪酬的影响也不同，固薪与职级相关，奖金和股权与管理岗位相关。当然，如果要任职某个管理岗位，那么职级是前置性条件。例如，如果想要晋升为产品负责人，前提是职级必须要达到 9 级。

按照腾讯的理念，一个业务单元基本上只需要四级汇报就可以管控决策风险。当然，涉及重大战略方向的决策时会通过特殊的通道向 VP 汇报，甚至上到战略管理月会上，向马化腾等直接汇报。

一位曾在腾讯任职过的产品经理向我们介绍了这种扁平化架构，他说："腾讯的决策链条确实很短，尤其是早期的时候，因为那时腾讯有很多灵活的汇报机制。例如，如果是一位普通员工负责了刘炽平亲自参与的项目，也能够参加战略月会。"一位原腾讯员工也说："我在加入腾讯两年时负责一个项目，这个项目抄送范围较大，马化腾也会直接回复邮件。"

腾讯是一家以产品主义为导向的企业。早年的互联网江湖甚至有"百度的技术，阿里的运营，腾讯的产品"这种说法。基于产品的辐射范畴，员工可以忽略日常的职级秩序，进行跨层级汇报，形成简洁的汇报链条。

显然，这对人才的成长有极大的好处：一是可以更接近业务，而不会受限于工作，视野可以更开阔；二是长期与大佬们打交道，能力成长极快；三是都在实战，都是真刀真枪，更容易长本事。

操作二：内部竞争的赛马文化

腾讯曾是"家文化"的拥护者，非常重视员工的福利，对员工的照顾到了无微不至的地步。但在度过了创业早期后，腾讯积极导入了职业竞争文化，并形成了一种一度引起非议的赛马文化。

2003年，刚入职腾讯不久的产品经理许良提出了QQ秀的商业计划，腾讯破例为这位非研发人员抽调人员，组成开发小组，成就了后来的爆款产品——QQ秀。此后，腾讯便形成了揭榜挂帅的惯例，即"谁提出、谁执行，一旦做大，独立成军"。

这种"自下而上"的组织模式极大地激发了员工的创新活力，在移动互联网时代成就了多个现象级产品。例如，微信就不是在成熟的无线业务部门中诞生的，而是来自以前做邮箱的广州研发中心；《王者荣耀》是由不太受人关注的成都团队做出来的。

腾讯公司创始人马化腾认为："如果企业完全自上而下，看好了再决定往哪边走，那么这样的企业往往是没有活力的，很僵化，尤其在互联网这种变化特别快的产业中，这是非常危险的。"在互联网的风口期，腾讯很聪明地在组织上保持了一定冗余度，且容忍失败，允许适度浪费，鼓励内部竞争和试错。马化腾将这种内部竞争机制比作兄弟爬山，鼓励大家在试错阶段大胆尝试，资源雨露均沾，而后以用户和市场作为评判标准，就看谁能先跑到山顶。等业务成熟了，再采取比较稳健的管理方式加以支持。

腾讯倡导的赛马文化在以工作室作为组织单元的模式下被进一步放大。工作室相当于一家资源齐备的小公司，不仅与外部对手竞争，也与内部的兄弟部

腾讯应该重视的是如果竞争压力下降，干部成长必然就会失去本源性动力。

问题 2：类工作室的组织模式下，是否给予了业务负责人太大的授权？有没有可能导致一放就乱？

和所有大企业一样，腾讯内部也有站队的倾向。有个夸张的说法是，如果跟对了人，就可以一辈子躺赢了。大佬之所以能庇护小弟，是因为在类工作室的组织模式（也包括被极度授权的其他业务单元）下，自己手中掌握了极大的自治权。但这种庇护对于干部的成长显然是不利的，甚至有可能对企业文化产生负面影响。

这个问题的答案与市场压力究竟有没有传递过来有关。如果有，这个问题显然就会迎刃而解。例如，有受访的前腾讯员工认为："站队现象肯定有，就要看大佬够不够牛了，能不能罩得住下面的人'养老'。但是腾讯现在也有荣休计划，大佬们说不定自己都要'荣休'去了，还怎么护得住小弟。"

当前"紧衣缩食"的氛围可能让这种现象得到一定缓解。从根本上说，腾讯是为了保持灵活性、快速应对市场而选择了向一线授权，但如何让组织放而不乱，依然是其组织设计层面未解的问题。我始终认为，干部成长的结果实际上是组织设计的映射。

问题 3：是否有一个客观公允的干部评价标准？

腾讯对干部的评价除了硬性的资历标准外，更多的是考核胜任力，包括企业文化认同度、绩效与潜力、专业能力三个维度。

在这些标准中，不能说没有定量的部分，但除了绩效，其他定量部分相对模糊。例如，"帝企鹅"领导力模型强调了洞察、点燃、突破等通用能力素质，这的确是进行了一定的量化，但在实际操作中，这种量化对被考核者形成的区分度并不大。

换句话说，腾讯对于干部的评价，有太多主观的部分是通过 360 评估这类看似客观、但实际上主观性较强的评估工具来实现的。这种评价模式必然导致上级拥有过大的权力，难以真正实现所谓的能上能下。再加上组织内某些领域缺少市场压力和对业务部门的极度授权，必然对干部任免的公平性形成极大挑战。

关于腾讯人才管理的几点思辨

腾讯的人才管理值得学习吗？有什么特殊意义？

我认为，排除一些瑕疵部分，腾讯人才管理的特点是比较符合数字时代人才成长规律的，值得学习。

如图 11–10 所示，穆胜博士提出的数字化时代的人才产出公式是：

人才产出 =（人才底版 + 知识体系）× 商战淬炼

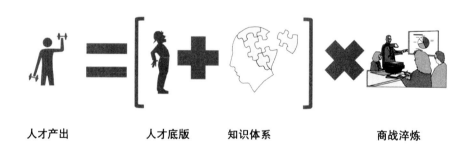

人才产出　　　　　人才底版　　知识体系　　　　　　商战淬炼

图 11–10　数字时代的人才产出公式

资料来源：穆胜咨询。

数字时代人才产出的逻辑与工业经济时代人才产出的不同之处在于，其在最大程度上忽略了人才底版的质量，或者说，仅仅将人才视为一个 U 盘，更强调人才产出是知识体系和商战淬炼的结果。腾讯刚好在这两个领域都有深耕。

一是知识体系的提炼。腾讯以产品为基因，以用户体验为标准，重视方法论的总结，这能够帮助人才获得最精准的知识，实现快速成长。

二是商战淬炼的机会。腾讯相对扁平、以产品为单位的组织架构能够让人才迅速进入实战场景，输出经营价值，这也为干部的成长提供了便利条件。

试想，当一位干部既能够获得工作场景所需的专业知识，又可以在商战中迅速被激活，他的认知提升必然是迅速的。

但是，赋能机制的完善并不能解决所有问题。要培养出能打仗的干部，就需要让他们经过战火的洗礼，也就是让他们感受到足够的市场压力。而市场压力的传递更多需要激励机制的精细设计，如果企业内部还有"养老院"或"安乐窝"，那一定是激励机制出了问题。在这个方向上，腾讯还需下苦功夫。实际上，绝大多数土壤过于肥沃的互联网公司都没有彻底解决关于激励的问题。

哪有什么所谓的人才管理灵药？人才管理就是人力资源管理的一种应用场景。干部的问题，就是人力资源管理体系的问题；干部的成功，无非因为企业在人力资源管理上内力深厚。

概念是卖给韭菜的，功夫是留给强者的。

第 12 章

美团：通盘无妙手，苦练基本功

在舆论的视野里，互联网巨头企业在组织与人力资源管理上的优等生非阿里和字节跳动莫属。阿里主推"管理三板斧"，字节强调"字节范儿"，若干由它们推出的热词总能迅速吸引公众眼球。相比之下，同样位于一线互联网巨头企业行列的美团似乎更愿意保持低调，并没有在组织与人力资源管理上做大肆宣传。

但实际上，美团一直都很重视人才管理，创始人王兴多次强调"人是美团最重要的产品，也是美团最大的资产"。

那么，我们不妨一起来揭开美团神秘的面纱，聊聊美团的人才管理是如何做的。

推陈出新的人才管理

王兴曾说："引进人才必须在价值观立住之后，不然越高端的人才，失败率越高。先得立住价值观，才能引进人才。"这足以看出，王兴对价值观予以了高度重视。事实上，美团正是以价值观为主要的人才标准。

干部标准

美团的价值观经历了三次迭代（如图 12-1 所示）。

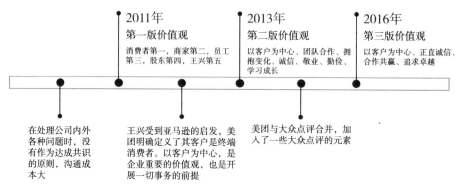

2011年
第一版价值观
消费者第一，商家第二，员工第三，股东第四，王兴第五

2013年
第二版价值观
以客户为中心、团队合作、拥抱变化、诚信、敬业、勤俭、学习成长

2016年
第三版价值观
以客户为中心、正直诚信、合作共赢、追求卓越

在处理公司内外各种问题时，没有作为达成共识的原则，沟通成本大

王兴受到亚马逊的启发，美团明确定义了其客户是终端消费者。以客户为中心，是企业重要的价值观，也是开展一切事务的前提

美团与大众点评合并，加入了一些大众点评的元素

图 12-1　美团价值观迭代历程

资料来源：穆胜咨询。

在成立早期，美团有固定的 CEO 交流会，任何员工都可以就任何问题与王兴交流。除此之外，王兴会很认真地听取员工对公司的看法，采纳员工的合理建议。显然，这是公司规模较小时才能采用的举措，但至少体现了创始人的平权理念。

2011 年 3 月，王兴请阿里前总裁关明生诊断美团网的问题。关明生指出，没有明确的价值观是美团的问题之一。于是，2011 年 5 月，美团推出了第一版价值观，即"消费者第一，商家第二，员工第三，股东第四，王兴第五"，使公司在处理内外问题时有了达成共识的原则，极大地节约了沟通成本。

2013 年，王兴受亚马逊公司的启发，明确定义了客户是终端消费者，迭代出第二版价值观，即"以客户为中心、团队合作、拥抱变化、诚信、敬业、勤俭、学习成长"。

2015 年，美团与大众点评合并，自然有必要在其价值观中加入大众点评的元素，于是第三版的价值观应运而生，即"以客户为中心、正直诚信、合作共赢、追求卓越"。值得一提的是，美团"以客户为中心"的理念一直沿用至今。这一理念是美团重要的价值观，也是其开展一切事务的前提。

2020 年 1 月 20 日，王兴在公司内部信中宣布启动领导梯队培养计划，明确了应使用绩效－潜力二维模型（如图 12-2 所示）作为干部评价标准。其中，"潜力"主要考核干部的自我驱动、学习潜力、职业规划等能力，由直接主管提供参考意见，事业部一把手决定潜力等级，最终与 HR 沟通确认。高潜力、高绩效的员工被称为超级明星，有机会被授予股票。

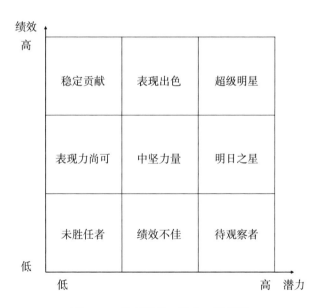

图 12-2 美团绩效－潜力二维模型

资料来源：穆胜咨询。

不同于大量的互联网公司喜欢考核价值观，并使用绩效－价值观二维模型模型，美团坚决地用相对可评价的"潜力"代替了虚化的"价值观"，使得该模型更加务实。

人才管理体系建设

在价值观一步步成熟的同时，美团似乎更加明确了关于人才的标准，开始逐步完善人才管理体系的建设（如图12-3所示）。

2016年，随着人口红利和移动互联网红利的逐渐消失，美团宣布成立人才培养平台互联网+大学（Internet Plus University，IPU）[①]，力求在互联网进入下半场之际，培养一支既懂互联网又懂生活服务垂直行业的队伍。该平台统合了美团各部门原来相对独立的培训体系，为内部员工提供系统化的学习成长平台，从通用力、专业力、领导力三个方面为员工在公司的职业发展提供成长帮助。美团的培训体系更多的还是内生的、以实用为主的，因为他们对于人才成长有独立的一套需求。

图 12-3　美团人才管理体系的建设历程

资料来源：穆胜咨询。

①　IPU 区别于美团大学。2019年，美团宣布成立生活服务领域的综合大学——美团大学，开始输出对于行业的认知沉淀。美团大学整合分散在各业务事业群的餐饮、外卖、美容、酒店等八大培训学院，形成统一品牌，为服务行业人才提供全周期的培养服务，帮助实现就业、创业，真正意义上打造了具有品牌效益和合力的培训学院。

美团的人才管理

经过多年的打磨，美团的人才管理已经趋于成熟。下面，我们从五个方面进行解析。

职级体系设计

2016 年，美团推出了互联网企业常用的"M（管理）序列 +P（专业）序列"双职级序列。其中，P 序列涵盖了技术、产品、运营、设计等大部分岗位。这个职级体系将美团的岗位划分为 5 级 13 等，在很大程度上理顺了公司内部的管理秩序。

2021 年，美团宣布取消原有的"M+P"双职级线、"1–2 至 3–3"等专业序列，取而代之的是以"L+ 数字"命名的单职级线，主要通过是否带团队区分专业人员和管理人员。在公开信中，美团解释称："在越来越细化及标准化的规则下，当前职级体系对人才发展的支撑显得弹性不足，已不能很好地适配多业务和多通道员工的发展诉求。"同时，美团宣布解绑薪酬与晋升制度，实施以扁平职级、宽带薪酬为原则的新体系，这样做有助于让员工不再只着眼于职级的晋升，更加提倡业绩导向。

这个架构扁平到什么程度呢？从局部看（如表 12–1 所示），L5 基本都为校招应届生；L6 和 L7 属于一线执行的主力；在整个公司中，L5 ~ L7 基数较大；L8 已经属于一线领导层面，从 L8 往后，晋升难度越来越大。

表 12–1　　　　　　　　　　　美团的职级体系

美团职级	内部地位
1A	—
L5	应届生
L6	一线执行的主力
L7	
L8	一线领导
19	—
L10 以上	—

资料来源：穆胜咨询。

与其他互联网巨头企业类似，美团内部有一系列机制，如内部活水、转岗等，员工能够根据自己的意愿选择岗位和事业部门。美团内部的活水和转岗非常开放（如图 12–4 所示），员工只要绩效无 C、无违纪情况，就可以自行在内网搜索职位。但活水和转岗的要求略有不同。

□ 活水流程

□ 转岗流程

图 12–4　美团内部的活水、转岗流程图

资料来源：穆胜咨询。

活水要求员工入职年限为一年以上，在与对方主管沟通后参与面试，面试

主要考核岗位与项目经历的匹配程度。目标岗位的事业部愿意接收后就可以活水，无须取得转出方领导的同意。而转岗对入职年限无要求，并且需要接收方和转出方双方领导的同意。

干部任免

区别于其他的传统互联网企业，美团有六七成的员工都从事与销售相关的工作。

我们以商务拓展（BD）的招聘为例。该岗位的招聘主要设置以下三道关卡：初面，由业务拓展经理（BDM）面试，面试主要考核表达能力、思考能力和稳定性；拎包，三天时间感受 BD 日常工作并在每晚写拎包日记，前两天跟随老 BD 熟悉业务，最后一天上手实践，老 BD 根据应聘者的拎包表现写最终的反馈；复试，由城市主管（CM）、HR 线上面试，结合老 BD 的反馈和应聘者的面试表现决定是否录用。

美团的经营基因和属性决定了它是一家打地面战的企业，从招聘模式，尤其是"拎包"环节也可以看出，美团更注重实用主义，招人以实用为主，简单说就是看员工能不能打、能不能用。

对于干部的任用，美团可谓一个萝卜一个坑，也就是说，只有在岗位有空缺时，下一级的员工才有可能得到晋升。在有岗位空缺、需要用人时，公司会发布内部公告，员工可以自主报名，完成初步考察（包括考察能力、绩效、轮岗经验等）后会被安排答辩。整体答辩形式与其他互联网巨头企业相似。答辩非常正规，主要考察应聘者的语言能力、组织能力和输出能力，由晋升委员会通过 PPT 答辩形式评估晋升结果。

价值观宣贯

美团的核心价值观是以客户为中心，而"客户"特指终端消费者，这也是公司一直以来坚持的原则。这意味着公司在产品开发、服务提供等方面始终把用户需求放在首位，不断优化用户体验，为用户创造更大的价值。

但是相比核心价值观，美团更注重内部一整套人才成长方法论的宣贯，其中有代表性的是苦练基本功、标杆学习、长线思考、结构化思考与建设性反馈。新人入职时会系统学习这些人才成长方法论，以观看 PPT 及视频的形式完成学习任务后还会参加相应的考试。这些人才成长方法论已被存入公司系统，申请权限后可进行查看。

以"苦练基本功"为例。2019 年初，王兴给美团全员发邮件详细讲解了"苦练基本功"。他说，绝大多数公司的失败不在于没有掌握高难度动作，而在于基本功出了问题，"把基本功练扎实，就可以做好 99.9% 的事情"。对基本功而言，列清单没用，核心在练，重复、精进、长期坚持，时间自有答案。

美团通过内外部渠道（包括公司网站、社交媒体、企业文化活动、员工培训等）宣传这些价值观和方法论，不断强化员工的价值观意识，以推动公司的持续发展。

正是这些人才成长的方法论让美团内部的人才生生不息，而生生不息的人才是美团成为中国互联网行业最具战斗力的铁军的根源之一。

人才能力培养

与早期其他团购网站的相互挖人相比，美团更致力于打造自己的一套人才培养体系，培养高素质的团购管理人才，做长远打算。通过升级培训课程，其人才培养体系日渐完善（如图 12-5 所示）。

2011 年 "常青藤计划"	2013 年 开源培训课程"章鱼计划"	2016 年 成立"互联网 +大学"	2019 年 成立"美团大学"	2019 年—2020 年 开设四门学分课程
外请顶级管理培训师传授管理思路和方法，培养团购业骨干人才	希望美团网以及业内零经验的产品新人，成长为具有一定产品素质的产品人才	设立各专门学院，与原有培训体系衔接，统筹推进公司人才培养工作	生活服务领域的"综合大学"，由八大学院组成，涉及多个生活服务品类	积极与各高校共同推动人才培养工作。陆续与清华大学合作开设了四门学分课程
为兑现之前对新人的培训承诺，美团网把针对2013 年校园招聘入职的应届生的产品培训课程公开化，完全免费	为应对人口红利和移动互联网红利消失，培养一支既懂互联网行业又懂生活服务垂直行业的队伍	以前设立的培训学院，属于各个业务事业群，没有统一的品牌，更没有合力		

图 12-5　美团培训课程的升级历程

资料来源：穆胜咨询。

2011 年，众多企业入局团购领域，号称"千团大战"。此时，具有团购业务经验的人才成为众团购网站争先拼抢的"香饽饽"。但由于团购是新兴行业，并不存在大量的成熟人才，于是美团选择了内培人才的模式。同年，美团宣布启动旨在培养团购业骨干人才的"常青藤计划"，外请顶级管理培训师为全公司的骨干管理人员传授管理的思路和方法，提升管理技能。当前线打得热火朝天时，美团将长期的人才培养计划贯彻到底，坚持"长期主义"。[1]

2013 年，美团将内部应届生产品培训课程公开化，设立了开源培训课程"章鱼计划"。美团网的章鱼计划是业内首个产品经理开源培训课程，无论是不是美团网的员工，都可以参与全部课程。章鱼计划发起人、美团网产品顾问马占凯表示，章鱼计划旨在搭建一个产品经理群体学习和交流的平台，让更多的新人受益，促进互联网行业的发展。章鱼计划为期九个月，从 2013 年 1 月开始至 9 月结束，目的是希望美团网以及业内的零经验产品新人通过每天学习 1 小时，成长为具有一定产品素质的产品人才。

2016 年至 2020 年，美团先是建立"互联网＋大学"人才培养平台培养核心队伍，后来又成立了美团大学[2]，开始面向产业培养企业以外的人才。显然，这是培训体系成熟的体现。当然，后期由于美团商业布局的展开，对于培训资源也提出了更高的需求，美团开始与外部的高校合作开设课程。

另一个重要事件是，2020 年，美团启动了领导梯队培养计划。这一计划推动了人才盘点、轮岗锻炼、继任计划等一系列工作的有序开展，进一步为人才梯队培养提供了组织和制度保障，代表着美团的人才培养体系走向成熟。

迄今为止，美团已经建立了相对完善的人才培养体系。以入职培训为例，这个部分包括新员工融入与培养体系、Better U 美团校招生成长计划、社招新员工融入计划，旨在通用夯实基本功、锻造专业能力、提升管理能力三个方面提供系统化的学习支持，帮助员工加速成长，为企业和行业培养优秀人才。

---

[1] 需要说明的是，美团并非行业内坚持内培人才的第一家企业。2010 年 3 月 15 日，窝窝团创办了行业内第一个大学——窝窝团购大学。窝窝团购大学成立的目的是培养团购行业人才，一方面对窝窝团公司内的员工进行培训，同时还面向社会招生，只要你想了解团购行业或者对团购行业感兴趣，都可以参加培训。窝窝团在人才培养上也颇为倾注精力，其提出了"211 核心管理干部培养"，尝试了"师徒制""储备干部培养"等人才培养措施。

[2] 非美团内部的企业大学，仅针对产业培养外部人才。

人才激励

美团实施宽带薪酬和"四个一"的激励模式。

员工拿到的薪酬主要由能力来决定。同样的岗位，能力较强的员工拿到的工资是能力差的员工的数倍。一方面能力越强，干的工作越多，相应的绩效工资和奖金也会越多；另一方面，能力在很大程度上也可以影响职级（晋级）和带宽位置（晋档）。其实，这个模式和一般互联网企业的宽带薪酬制并无区别，但美团的不同之处在于它执行得非常彻底。究其原因，还是它对员工的绩效评价比较精细，而这种精细度是由美团岗位整体偏销售的属性决定的。

"四个一"指的是一次年度现金调整及股票授予、一次晋升及晋升调薪、一次秋季特殊调薪、一次年终奖激励。从调薪节奏上看，美团在互联网巨头企业中并不算快，甚至算得上稳健到有点保守。[1] 但其中，秋季特殊调薪是其特色，指的是由管理者对特别优秀（如做出特别重要贡献、成长特别迅速等）的员工给予小范围现金调薪，强调薪酬激励的差异化和灵活性。

美团对于不同岗位管理者的考核内容也有一定区别。对于销售岗，销售业绩决定提成，无其他绩效考核。销售人员晋升城市主管之前主要考核业绩，晋升区域主管后主要考核其能力、给公司带来的财收以及能否完成业务部门下发给区域的任务。这部分岗位大概占美团整体岗位的 70%，这种岗位属性决定了其绩效考核是相对清晰的。而对于非销售岗，则主要考核工作的完成度，绩效等级分为 C、B、B+、A、S 五档。

---

[1] 腾讯原来是一年一次晋升调薪、一次薪酬回顾，2022 年 5 月，将两次合并为一年一次年度薪酬回顾；百度是每年四月左右调薪一次；阿里是一年两次调薪、一次绩效调薪、一次晋级调薪，分别在三月和八月；字节跳动是每年两次调薪机会，时间是每年三月和九月。

美团人才管理的效果

朴实无华到极致的干部管理体系真的管用吗？让我们用数据说话。

出成效率

虽然美团与阿里类似，没有标准的晋升频率，也没有把对工龄的要求写在明面上，但是我们结合公开资料和美团员工在社交平台的发帖，共抽取了 32 个样本，总结了他们的职级晋升经验，最终得出了如图 12–6 所示的职级晋升图。我们从中可以看出，L5 ~ L7 的晋升相对容易，但 L8 以后的晋升难度加剧。当然，每个人的能力和机遇的不同，其晋升的速度也会不同。

图 12–6　美团员工职级晋升图

资料来源：穆胜咨询。

随着王兴提出互联网进入了下半场，美团改革了职级体系，一方面取消了秋季晋升，只保留春季晋升；另一方面职级阶梯缩短，这意味着每层的跨越度拉大，晋升难度加大。例如，以前，应届生以 L5 职级入职后一年左右就可以晋升到 L6，现在可能需要两年以上的时间。

外溢效应

美团从明星创业公司到跻身 BATM 之列，付出了很多努力。在自我成长的过程中，美团也为创投市场输出了众多明星创业者，像水滴公司创始人兼 CEO 沈鹏、高瓴资本运营合伙人干嘉伟、"猩便利"品牌联合创始人司江华、松果出行创始人兼 CEO 翟光龙等。

从行业分布来看，美团系创业项目覆盖的领域中，创业者最青睐的是本地生活、企业服务、文娱传媒等领域（如图 12-7 所示）。这几个领域都与美团自身的基因高度契合，为创业者提供了很好的条件。

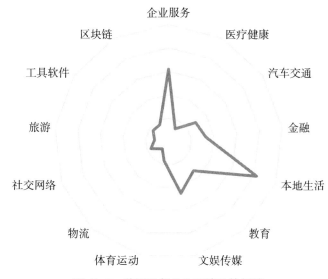

图 12-7　美团系创业公司涉及的领域

注：数据截至 2023 年 5 月。

资料来源：穆胜咨询、IT 桔子。

"开水团"的人才管理

美团能够从"千团之战"中脱颖而出，并且在阿里等强敌的强势进攻之下依然占据互联网江湖的一片广阔领地，本身就证明其有值得借鉴的地方。从商业模式上看，美团所在的赛道相对阿里、腾讯和字节跳动等公司应该算更加艰难，它似乎也没有条件去豪掷千金、砸钱抢人，甚至一度被称为"开水团"（意为福利有限，只提供免费开水）。

但就是在这样的条件下，美团依然开创了一条自己的人才管理之路，不仅支持自己在几个竞争白热化的赛道（如外卖、酒旅等）中突围而出，还形成了一套逻辑自洽的人才培养体系。因此，美团的人才管理模式就更值得品鉴了。总结起来，我们认为其有三个值得学习的亮点。

1. **极致的实用主义**。作为一家主打地面战、偏销售属性的企业，美团招人时注重实用性，更强调"会做"而不是"会说"，所以才会设置"拎包"这一特色环节。而其他互联网企业则很少在面试阶段让应聘者上手实践并考核他们的实际能力。

除此之外，美团在干部的任免和绩效考核上也强调实用。在任免上，他们没有像一般互联网公司一样超发头衔，而是一个萝卜一个坑，有了岗位空缺才有晋升。这样的做法可能有点不够"互联网"，并且看似没有给员工预留出足够宽广的职业生涯通道，却维护了公司职级体系的严谨性，避免了过度官僚化。

考核公平弥补了头衔过少带来的麻烦。美团的销售属性导致其考核更多地关注市场结果。员工如果有能力，就完全可以从硬碰硬的绩效考核上证明自己，并且获得宽带薪酬制给出的反馈。

2. **埋头学习的对标主义**。和大多数互联网公司不同，美团并没有急于在人才管理上开宗立派，而是先对标学习，再内化深耕。最初，美团显然深受阿里的影响，无论是找到阿里前首席人力资源官帮忙诊断组织存在的问题，还是引入了阿里前高管干嘉伟，都让他们不可避免地采用了类似阿里的管理模式。但随后，美团选择了硅谷科技巨头亚马逊公司作为其新标杆，再次进行了深度学习。王兴和王慧文曾多次在公开场合以及内部讲话中，表达了对亚马逊公司的尊敬和欣赏，并在公司内部掀起了长达多年的"苦练基本功，猛学亚马逊"的风潮，直到今天也没有停止。

学习至今，美团也没有对外宣称自己在组织管理上开宗立派，我们甚至很难在市面上看到主打美团基因的管理咨询产品，而这恰恰说明了他们在学习上的不浮躁。这点与华为颇为相似，即使在将 IBM 公司的集成产品开发（integrated product development，IPD）演绎到极致后，他们也依然强调自己只是学习了先进企业的模式，而否认创新。对于互联网企业来说，这种谦虚难能可贵。

3. 长期主义，不走捷径。毫无疑问，王兴是个聪明人，其战略思路在互联网企业家中首屈一指，不然美团也不会在"千团之战"中脱颖而出，并在外卖和酒旅两个赛道后发先至。但王兴的聪明不在于能发现战略上的套利机会，而在于能坚持长期主义。他主张一种"通盘无妙手"的管理思想，认为练好基本功，最终"半目胜"才是正途。

这与大多数互联网企业家有很大不同。在互联网商业浪潮风起云涌时，很多高呼自己是新物种的企业家都蔑视管理基本功，甚至认为自己可以创造一种新的组织管理方式。殊不知，他们想要实现的突破，前人都已经试过无数次了，最终沉淀下来的规律都是"带血的经验"。

美团虽被称为"开水团"，但他们自己对"开水"的阐述很有意思：勤俭持家，艰苦朴素，开水亦有温度。之所以能坚持这个态度，不仅是因为没有红利可以浪费，更因为他们意识到在管理上没有捷径可以走，规律就是规律。也正是凭借这样的坚持，以及"苦练基本功""长期有耐心"等方法论，美团才培养出了众多踏实能干的人才。

正面的价值观往往对员工有积极的牵引作用。在某社交平台上，近八成的美团员工对"苦练基本功"的方法论表示认可，更有员工给出了这样的评价："美团的苦练基本功很有道理，身边很多人都比较踏实。"一家福利只有"开水"的企业却被员工高度肯定，实在是有意思！

第 13 章

华为：以科学体系来消除管理灰度

在世界范围内，华为公司无疑是我国企业中受关注度最高且最没有争议的企业之一。当下，华为尽管遭遇挑战，但依然维护住了业务基本面，还在智能驾驶等若干新兴领域蓄势待发，大有黑马之势。

一个普遍被接受的说法是，华为之所以能持续稳定地输出业绩，是因为拥有一支强有力的干部队伍和一个运行了 20 多年的干部管理体系。任正非十分重视组织管理中的两个要素：第一是分好钱；第二就是干部队伍建设。

华为把管理者统称为"干部"。这个群体保持了极强的流动性：常年轮岗，每年 10% 的淘汰率，甚至 40 岁就能退休。但在这样的流动性下，华为依然良将如潮。那么，华为是如何做到的呢？

华为干部管理标准的变更

纵观华为的发展历史，其对干部管理的热衷是一以贯之的，对干部管理体系雕琢的精细程度也让人叹为观止。我们可以直接切入这个体系的核心——干部标准，从其若干次迭代中理解华为的干部管理思路（如图 13-1 所示）。

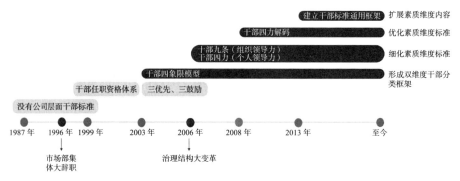

图 13-1　华为公司干部标准的发展历程

资料来源：穆胜咨询。

　　1987 年，刚成立的华为还没有公司层面的干部标准，与大多创业公司一样，主要依靠老板任正非的系列讲话来牵引干部行动。1996 年，华为通过策划市场部集体大辞职事件，对固化的干部阶层进行了一次大整顿，公司根据干部的个人实际表现、发展潜力以及公司发展的需要，对干部重新进行了评审和考核，大约 30% 的干部被替换了下来。自此，华为开始了大规模的人力资源体系建设，其中，核心的干部管理体系也自然被建立起来。

　　1999 年，华为自建了干部任职资格体系。其中，针对高、中、基层管理者分别建立了任职标准，每类标准都分为预备等、基础等、普通等和职业等四个等级，一共 12 级标准。除了任职标准外，还要参考绩效，主要考察干部年度目标达成度和年度工作目标完成度。但是由于华为干部群体复杂，这类统一标准很难实现考核精度，因此这个版本并没有使用太长时间。

　　2003 年，华为的业务开始向海外扩展，许多干部被派往海外，于是华为提出了"三优先、三鼓励"的用人方针。

"三优先"是指优先从优秀团队中选拔干部；优先选拔责任结果好、在一线和海外艰苦地区工作的员工进入干部后备队伍培养；优先选拔责任结果好、有自我批判精神、有领袖风范的干部担任各级一把手。

"三鼓励"是指鼓励机关干部到一线，特别是海外一线和海外艰苦地区工作；鼓励专家型人才进入技术和业务专家职业发展通道；鼓励干部向国际化、职业化转变。

在这个阶段，华为开始使用干部四象限模型（如图 13-2 所示）作为干部分类标准。这个模型的横轴是绩效（责任结果），纵轴是素质（品德、领袖风范）。其实，这个模型就是当前我国绝大多数企业采用的人才盘点模型，可以说华为是最早期的玩家了。我们更应该注意到，华为的干部评价至此开始进入素质测评的维度，思考如何对复杂的干部群体按照相对统一的标准进行评价。

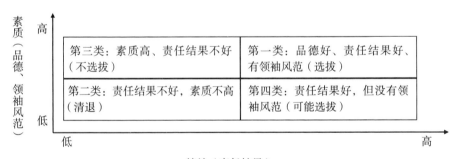

图 13-2 华为的干部四象限模型

资料来源：穆胜咨询。

2006 年，华为进行了大规模的治理架构变革，包括对四象限模型中的"素质"维度进行细化、重塑。在咨询公司的帮助下，华为总结出了自己的领导力模型——"干部九条"，包括关注客户、建立伙伴关系、团队领导、塑造组织、跨部门合作、成就导向、组织承诺、战略思维和理解他人。

"干部九条"更多的是用来描述接近工作场景的行为特征，被认为应该用于评价组织领导力。在此基础之上，华为又对干部能力的底层逻辑进行了探究，提出了评价个人领导力的"干部四力"，即干部要有决断力、理解力、执行力和人际连接力。"干部四力"被作为干部能力评价的主要标准延续至今。

2008年，华为与某咨询公司合作，对"干部四力"进行了解码，还针对当时最关键的干部岗位建立了岗位要求。

2013年，华为再次对干部四象限模型进行了深化，整合出了新的干部标准通用框架（如图13-3所示），并沿用至今。在横轴上，华为以能力模型为基础，加上了"品德与作风"和"核心价值观"，并认为"品德与作风是底线，核心价值观是衡量基础"，很好地解释了这些新标准与原有能力之间的关系。在纵轴上，华为一如既往地坚持绩效评价（责任结果）。整体来看，华为强调优先选拔品德好、认同公司文化和价值观、责任结果好、有领导能力的干部。

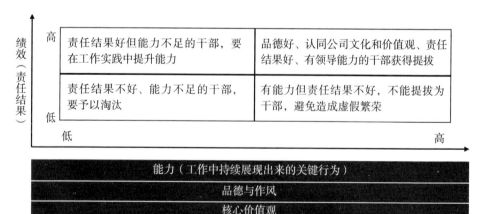

图13-3　华为干部标准通用框架

资料来源：穆胜咨询。

华为的干部管理体系

华为不仅逐步建立了清晰的干部管理标准，还同步建立了严谨的干部管理体系，让标准得以贯彻。

职级体系

华为的职级体系有以下两个特点。

特点之一是不设上限。华为开放式的职级体系（如图 13-4 所示）从 13 级到 24 级，但不设员工发展的天花板。也就是说，员工可以一直向上晋升。目前来看，对公司有贡献的优秀高层管理者可以晋升到 26 ～ 29 级（战略领袖 / 专业领军人物 / 思想领袖）。

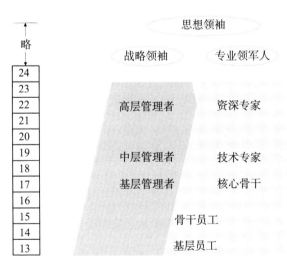

图 13-4　华为的开放式职级体系

资料来源：穆胜咨询。

特点之二是平衡的职业发展双通道。华为设置了管理和技术专家两条职业晋升路线（如图 13–5 所示）。职级达到骨干员工后，可以任选发展通道；职级达到高层管理者和资深专家前，两个通道职位可以互换，薪资待遇相等；再往上只能选择单通道发展。华为的这种平衡设置体现出其技术崇拜的基因，可以让更多的技术人才远离政治，专心做事。

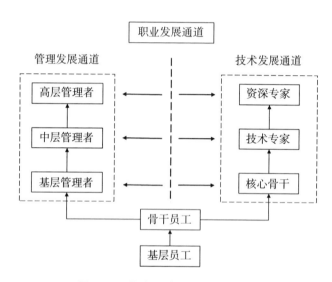

图 13–5 华为开放式职级成长体系

资料来源：穆胜咨询。

干部任免

华为通过干部评估系统（如图 13–6 所示）决定干部的任免。华为的干部任免有考核严格和任免灵活两个特点。

考核严格体现在从正向考绩、逆向考能和核心价值观三个维度入手，其中以正向考绩为主。

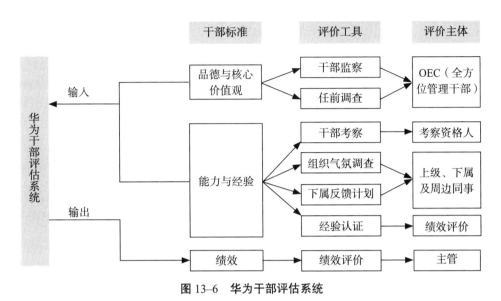

图 13-6 华为干部评估系统

资料来源：穆胜咨询。

任免灵活是指华为会定期根据干部表现重新调整岗位，比如对绩效不合格团队的干部进行降级，已经降级的干部，一年内不准以任何形式提拔使用。这些干部要想调回原岗或晋升，就需要做出成绩并再次接受考核。这种灵活的机制使得大量被降级的干部有了"复活"的希望，并在一年的"冷冻期"内展现出强大的战斗力。

价值观宣贯

华为没有太多明确的价值观宣贯，所有的价值观都通过制度固化、商业领袖发声和内部平等讨论的方式进行宣贯。通过这种方式酿造出来的价值观，贯穿在整个体系中，不像"喊口号"式的企业浮于表面。

当然，在华为人的认知里，"以客户为中心""以奋斗者为本""价值为纲"

已经成为坚定不移的共识。这种共识是华为日复一日、年复一年地用公司制度来牵引、用员工的行动来佐证的结果。

干部能力培养

华为在干部能力培养上有自己独特的理念，注重培训项目的实用性，为战而训。任正非强调："培训不要太高档，关键是教会干部怎么做事。"为此，华为设计了若干贴近实战的精品培训项目。干部参加培训甚至还要自己付钱，理由是培训是有价值的，要"有偿培养"。

除了精心打磨的培训项目，任正非更强调"启发"的重要性，他认为，要让干部科学地成长，"将军不是培养出来的，而是启发出来的，是打出来的，华为大学要坚持实践到理论、理论到实践的循环教育，要对干部的学习有考核和评价"。他更强调对知识进行总结的重要性，"不光成功要总结，失败也要总结"。

在这样的理念下，华为特别强调引导员工在组织内合理流动，并积累知识：在横向上，通过轮岗制、建立片联组织等方式，帮助干部积累全流程经验；在纵向上，引导干部遵循"之"字形成长路线，每一个转换节点都有赋能项目，让干部"能上能下"。

这种培养方式产生了人才辈出的效果。为了让干部有序成长，华为制订了继任者计划，对关键岗位设立梯队人才培养制度，每级现任干部下有三位继任者，形成了合理的干部梯次。当然，这种梯次的设计也让华为在人才培养上能够有的放矢，为不同继任层级设置不同的培养内容。

干部激励

华为对干部的激励诚意十足，一直被其他企业奉为标杆。"以奋斗者为本"的理念要求华为设计慷慨的激励机制，将企业创造的财富返还给奋斗者。为此，华为设计了颇具巧思的股权结构。好的机制给了华为做好激励的底气，干部也能收获满满。

华为物质激励包括工资、奖金和股权激励，其中，后两者是重头戏。华为的奖金会根据项目分配，即按照项目的经营收益，提取一部分奖励对项目有直接贡献的员工；股权激励则按照 2013 年开始实行的奖励期权计划（time unit plan，TUP）执行。TUP 是一个五年一个周期、到期清零的递延分红计划，这确保了将被激励者与公司整体的收益长期绑定。由于项目由干部牵头，TUP 的发放会重点考虑职级（也要考虑绩效），因此干部自然是这种激励机制的最大受益者。

华为干部管理的效果

依靠如此成熟的体系，华为干部管理的效果究竟如何呢？让我们以数据为标尺进行评估。

出成效率

华为的职级晋升路径很清晰（如图 13–7 所示），保障了基本的干部出成效率。

第一阶段为基层 / 骨干员工阶段（13 ～ 16 级）。在这个阶段中，员工按照标准发展，即可实现晋升。正常情况下，一至三年晋升一级，绩效为 A 的晋升相对较快。一般情况下，五年内都可以晋升到 15 级，八年内晋升到 16 级。

图 13-7　华为员工职级晋升节奏图

资料来源：穆胜咨询。

第二阶段是管理者／专家阶段（17～24级）。这个阶段主要考察能力与经验，与工龄已经没有太大关系。一般来说，10年工龄才可抵达17/18级。通过这道门槛，后续的晋升开始与工龄无关，主要考察个人能力与实践经验。当然，这类评价还是要用业绩说话。

第三阶段是领袖／领军人阶段（24级及以上）。这个阶段完全考察突出贡献。这一阶段的晋升主要看高层管理者或专家是否为公司做出了杰出贡献。换句话说，上升到24级以上，已经是公司内的"神"了，当然得有关于彪炳战功的"传说"。

目前，华为的员工多是15级，且15级之前的晋升节奏较快。16～17级是晋升路上的第一道门槛，越往上越难，每一级都是晋升门槛。

在某社交平台上，人们对华为的晋升节奏有以下评价：

> 年年绩效为A可以坐火箭。
>
> 一般前五年升三级，后五年升两级，再往后看造化。
>
> 晋升要看运气。遇到升得快的大佬，并且他看好你，那你升得也快。如果你自身水平不错，即使没有大佬挺你，根据级别，两到四年也能升级。自身能力一般的就很难了，只能熬。

通过这些评价，我们不难看出，尽管在晋升上不能完全脱离企业政治的一些传统，但如果自身能力突出，员工的晋升还是相当有保障的。

外溢效应

近年来，从华为离职的高管们创业热情高涨，一大批优秀的华为"编外军"正在崛起，如华米科技创始人兼 CEO 黄汪、深信服公司创始人兼 CEO 何朝曦、优刻得董事兼首席技术官莫显峰、开思汽配创始人江永兴等。

如图 13–8 所示，从行业分布来看，在华为系创业项目覆盖前十的领域中，创业者最青睐的是企业服务、本地生活、金融、先进制造几个领域。其中除了金融之外，其他几个领域都与华为自身的企业基因高度契合，为创业者提供了很好的条件。

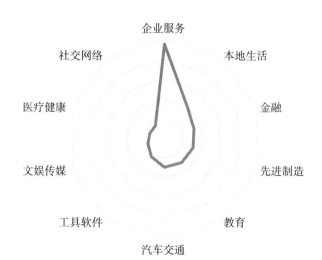

图 13–8 华为系创业公司涉及的领域

注：数据截至 2023 年 5 月。

资料来源：穆胜咨询、IT 桔子。

华为干部管理的三大亮点

我们发现，相比一般企业，华为的干部管理有三个突出的、不走寻常路的亮点。

亮点一：巨大投入，无限耐心，持续迭代干部标准。从成立初期没有干部标准，到初步建立略显僵化、粗放的 12 级干部任职资格体系，华为经过了摸索期。

2003 年，华为率先开始使用当下企业热衷的素质 – 绩效四象限模型，而后，除了不断优化绩效评价方式，更是热衷素质测评，先后开发了干部九条（组织领导力）和干部四力（个人领导力）的标准，力图实现对干部素质的精准评价。2013 年，华为又深化了四象限模型，将"品德与作风"和"核心价值观"纳入了素质维度，让干部评价变得更加精细。

事实上，华为始终将干部标准作为干部管理体系的底层逻辑，并贯穿体系内的每一个环节。但是现实中，大多数企业是不具备这种耐心的，它们往往在尝试评价干部无果后，迅速地放弃了这个路线，转而开始玩"灰度"，最终导致了组织内部的不公平。

华为的认知很值得学习，即一套干部评价体系必须要经过多次迭代才能接近真相，如果妄想一步到位，根本就是不可能的。而对评价体系的精度容不得一粒沙子，稍有失准就将其束之高阁，更是不理智的做法。华为的灰度，是以标准为基础的灰度，并不是那种大量企业凭手感、两眼一抹黑的灰度。

亮点二：不设上限的职级体系，均衡的双通道职涯。华为公开的职级体系是 13 ~ 24 级，对公司有贡献的优秀高层管理者则可以晋升到 29 级（战略领袖 /专业领军人物 / 思想领袖）。也就是说，真正的顶级英雄可以通过对其战功的评价，获得几乎无上限的发展空间。其实，这很符合客观规律，对有企业家属性的高管或技术大拿，本来就不应该用职级体系来进行限制。

华为设置了相对均衡的管理和技术专家双职业晋升路线。对于员工而言，在双通道的职业生涯中，初期和后期需要专注，中期则可以柔性切换，两个通道也待遇相当。这既尊重了员工的选择自由，也避免了员工因利益而进行投机选择，浪费了自己的才能。

另外，在绝大多数企业中，管理序列的薪资待遇都要略高于技术序列，华为则是完全均衡。这可以让更多的技术人才专心做事。

亮点三：极其灵活的干部流动机制，既是鞭策，也是培养。整体来看，华为的干部群体保持了极强的流动性，他们常年轮岗，每年10%的淘汰率，甚至40岁就能退休。

在汰换上，华为定期对绩效不合格团队的干部进行降级，根据干部表现调整岗位，依据人岗匹配原则，重新确定职级和薪资。

在晋升上，华为推崇"之"字形的成长路线。一方面，通过轮岗制、建立片联组织等方式，让干部积累全流程经验；另一方面，在每个转换节点都有赋能项目，确保干部晋升后的稳定输出。

敢于保持这样的流动性，还因为华为高度重视人才储备，通过建立关键岗位继任计划和人才资源池，确保了关键岗位在出现空缺时能及时得到填补。例如，关键岗位继任计划规定，每级现任干部下需要有三位继任者。

华为干部管理给予我们的三个启示

通过仔细研究华为在干部管理工作上的各种创新实践，我们发现这些实践都来源于华为在干部管理的三个独特理念。

第一，体系为王，不走捷径——坚持把干部管理看作人力资源管理体系的一种应用场景，而非专项特效药，并在这个体系上持续投入。 这种思路与现在 99% 的企业大不相同，一般企业希望人才辈出、良将如潮，但并没有意识到这种盛况背后需要的巨大投入。例如，单单一个干部素质标准，华为就经历了多次迭代，其中参与共建的咨询公司就有若干。大多企业都无法坚持这种持续投入。

现实中，一般企业习惯选择阿里的模式，并进一步将这种模式进行无脑简化。例如，它们把干部的成长看成一种太简单的因果关系，似乎老板或高管讲讲课、课后喝喝酒就可以复制出一群有同样"气味"和思维逻辑的干部。这显然是不对的。高手在走第一步棋时就有对全局的判断，就能看到后十步的局势和走向。

第二，铁打的营盘，流水的兵——严肃制度，不近人情，保持灵活的人才流动性。 干部是企业的核心，越是核心就越拥有特权，似乎越需要企业讲人情，保护他们。但尴尬的是，一旦对干部讲人情，就会破坏组织的公平感。这就是某些企业盛传的"低 P 违规，低 P 没了；高 P 违规，规则没了"。于是，员工就会有样学样，也不会尊重规则。

华为对技术干部的重视、对干部考核的严苛、对干部任免的灵活，显然都与一般企业大不相同。事实上，这些制度即使被披露出来，其他企业也很难对标。华为之所以敢于实施这样的制度，是因为有自己独特的"底气"。例如，我们看到的是干部的高流动性，但这种高流动性背后是丰厚的人才储备。

当然，你也可以理解为，华为为了实现这样的制度，苦心积累自己的"底气"。因为他们认为这样的制度是必要的，不容回避的。在这个问题上，如果认知稍微不够坚定，企业就必然绕道。绕道就会让企业失去底气，干部队伍就一定会拥兵自重，乌烟瘴气。

第三，做大炮，打小仗——以培养大将为目的，让员工用大将格局降维做事。越高阶的干部，越应该有更大的格局。站得高才能看得远，但要站到高位上，首先就要看得远。华为在干部培养上做了很多当时看起来没有作用、意义却很深远的事。例如，"之"字形的成长路线，以及各类赋能项目。相比起来，一般企业更有实用主义倾向，不太会放眼未来，打开员工的"格局"，而我们看到从华为出来的人才往往都思维严谨、擅长操盘"大体系"。

这可能与一般公众的认知不同。在各种资料中，都可以发现任正非"为战而训"的要求，甚至还有"华为不搞培养制，我们没有责任培养你"这类特立独行的论调。但"为战而训"只是华为培训项目的一般要求，其对于人的培养是全方位的。在各种培养场景中，华为都不停地向员工传递整个管理体系的理念。

以我接触的华为系出身的某企业高管为例。在我与他交流时，我的直观感觉是他把 IPD 的集成逻辑刻到了自己的思维底层中，他认为"集成"思路无所不能，就应该这样来理解管理。这不禁让我感叹，华为的管理体系对人的改造之深。

关于华为干部管理的一点思辨

那么，华为的干部是不是真的绝对无敌？这里我要谈谈我个人的看法。

华为的干部必须在一个管理基础较好的环境中才能发挥最大的威力。他们需要一个正规化管理体系的支撑，需要各类协作来打团战，而不是成为孤胆英雄，做那种在荒漠里建大楼的事。不少老板认为，只要引入华为系人才就可以导入华为式管理，但是如果企业的管理体系不健全、理念混沌，那么引入的这些人才很可能会出现"水土不服"。

深圳某企业的首席人力资源官告诉我，他所在的公司处于快速成长的阶段，老板引入了两位高管，一位出身阿里，一位出身华为。两位由于种种原因，相互不对付，多有摩擦。于是，阿里系高管多次让他去"闻味道"，说华为系高管"味道"不对；而华为系高管则经常吐槽阿里系高管不是"奋斗者""不以客户为中心""不打粮食"。两位都使用自己熟悉的那套语言，这让他和老板头疼不已。我问最后谁留下来了，他笑着说："阿里那位留下来了，毕竟是混江湖出身，生存能力还是强。"

其实我认为，这个案例反而证明了华为干部之所以强大，在很大程度上是依靠华为的体系而强大。正如任正非所言，人才不是华为的核心竞争力，培养人才的体系才是。华为不依赖干部，依赖的是干部管理体系。

参考文献

[1] 穆胜 . 2022 中国企业人力资源效能研究报告 [R]. 青岛：穆胜企业管理咨询事务所人力资源效能研究中心，2022.

[2] 穆胜 . 2022 中国企业平台型组织建设研究报告 [R]. 青岛：穆胜企业管理咨询事务所平台型组织研究中心，2022.

[3] 穆胜 . 2021 中国企业人力资源效能研究报告 [R]. 青岛：穆胜企业管理咨询事务所人力资源效能研究中心，2021.

[4] 穆胜 . 2021 中国企业平台型组织建设研究报告 [R]. 青岛：穆胜企业管理咨询事务所平台型组织研究中心，2021.

[5] 穆胜 . 2020 中国企业人力资源效能研究报告 [R]. 青岛：穆胜企业管理咨询事务所人力资源效能研究中心，2020.

[6] 穆胜 . 组织平台化进程中的人力财务三支柱变革 [R]. 北京：机械工业出版社 .2021.

[7] 穆胜 . 人效管理 [M]. 北京：机械工业出版社，2023.

[8] 穆胜 . 重构平台型组织 [M]. 北京：机械工业出版社，2022.

[9] 穆胜 . 人力资源效能 [M]. 北京：机械工业出版社，2021.

[10] 穆胜 . 平台型组织：释放组织与个体的潜能 [M]. 北京：机械工业出版社，2020.

[11] 穆胜 . 创造高估值：打造价值型互联网商业模式 [M]. 北京：机械工业出版社，

2020.

[12] 穆胜 . 激发潜能：平台型组织的人力资源顶层设计 [M]. 北京：机械工业出版社，2019.

[13] 穆胜 . 重塑海尔：可复制的组织进化路径 [M]. 北京：人民邮电出版社，2018.

[14] 穆胜 . 释放潜能：平台型组织的进化路线图 [M]. 北京：人民邮电出版社，2017.

[15] 穆胜 . 私董会 2.0[M]. 北京：中国人民大学出版社，2016.

[16] 穆胜 . 云组织：互联网时代企业如何转型创客平台 [M]. 北京：电子工业出版社，2015.

[17] 穆胜 . 人力资源管理新逻辑 [M]. 北京：新华出版社，2015.

[18] 穆胜 . 叠加体验：用互联网思维设计商业模式 [M]. 北京：机械工业出版社，2014.

[19] 王旭东，陈雨点 . 华为干部管理：解密华为人才"倍"出的底层逻辑 [M]. 北京：电子工业出版社，2021.

[20] 余胜海 . 华为还能走多远 [M]. 北京：中国友谊出版社，2013.

[21] 杨少龙 . 华为靠什么 [M]. 北京：中信出版社，2014.

[22] 陈雨点，王旭东 . 华为绩效管理：引爆组织活力的价值管理体系 [M]. 北京：电子工业出版社，2021.

[23] 吴晓波 . 华为管理变革 [M]. 北京：中信出版社，2017.

[24] 黄卫伟 . 以奋斗者为本 [M]. 北京：中信出版社，2014.

[25] 黄卫伟 . 以客户为中心 [M]. 北京：中信出版社，2016.

[26] 田涛，吴春波 . 下一个倒下的会不会是华为 [M]. 北京：中信出版社，2012.

[27] 黄志伟 . 华为人力资源管理 [M]. 苏州：古吴轩出版社，2017.

[28] 黄志伟 . 华为管理法：任正非的企业管理心得 [M]. 苏州：古吴轩出版社，2017.

[29] 刘鹰，项松林，方若乃 . 阿里巴巴模式 [M]. 北京：中信出版社，2014.

[30] 张山领，张璞，姜力 . 阿里三板斧：重新定义干部培养 [M]. 北京：电子工业出版社，2019.

[31] 陈伟 . 阿里巴巴人力资源管理 [M]. 苏州：古吴轩出版社，2017.

[32] 陈伟 . 阿里巴巴工作法：马云的工作哲学 [M]. 苏州：古吴轩出版社，2019.

[33] 戚风 . 阿里巴巴管理法 [M]. 苏州：古吴轩出版社，2019.

[34] 陈国海，刘贵鸿，陈祖鑫 . 阿里巴巴政委体系 [M]. 北京：企业管理出版社，2018.

[35] 宋金波，韩福东 . 阿里铁军：销售铁军的进化、裂变与复制 [M]. 北京：中信出版社，2017.

[36] 王建和，王中伟 . 阿里巴巴基本动作：管理者必须修炼的 24 个基本动作 [M]. 北京：中信出版社，2020.

[37] 马修·布伦南 . 字节跳动：从 0 到 1 的秘密 [M]. 长沙：湖南文艺出版社，2021.

[38] 张笑恒 . 张一鸣让字节跳动的创业哲学 [M]. 北京：中国经济出版社，2020.

[39] 李阳林 . 字节跳动目标管理法 [M]. 长沙：湖南文艺出版社，2021.

[40] 赵文锴 . 张一鸣：平常人也能做非常事 [M]. 北京：中华工商联合出版社，2021.

[41] 林军，林觉民 . 张一鸣管理日志 [M]. 杭州：浙江大学出版社，2021.

[42] 吴晓波 . 腾讯传（1998—2016）[M]. 杭州：浙江大学出版社，2017.

[43] 陈伟 . 腾讯人力资源管理 [M]. 苏州：古吴轩出版社，2018.

[44] 李煜萍 . 腾讯人力资源管理法 [M]. 北京：中华工商联合出版社，2021.

[45] 李志刚 . 九败一胜：美团创始人王兴创业十年 [M]. 北京：北京联合出版公司，2014.

[46] 丁西坡 . 长期有耐心：美团的成长与进化逻辑 [M]. 北京：中信出版社，2021.

[47] 张小峰，吴婷婷 . 干部管理 [M]. 北京：中国人民大学出版社，2022.

[48] 拉斯洛·博克 . 重新定义团队：谷歌如何工作 [M]. 北京：中信出版社，2019.

[49] 约翰·杜尔 . 这就是 OKR：让谷歌、亚马逊实现爆炸性增长的工作法 [M]. 北京：中信出版社，2018.

[50] 克里斯蒂娜·沃特克 . OKR 工作法 [M]. 北京：中信出版社，2017.

后 记

这是我的第一部个人专著，凝结了我对于人才管理领域的诸多思考。在将稿件发给出版社的那一刻，我如释重负，似乎抵达了人生的又一个里程碑。

平静之中，这本书的创作过程历历在目，从为书稿写下第一个字开始，每次深度调研、每次查阅资料、每次梳理模型、每次与数据纠缠……如电影胶片般放映回闪。这个过程中的喜乐伤悲、万般纠结、豁然开朗，再多彩的笔墨也难以刻画。

有了成果时，最适合回溯初心。

我作为穆胜咨询的合伙人，日常有大量的咨询项目要实施，也分管了公司的多个职能领域，忙起来时恨不得按秒度日，为什么还要投入大量的精力来创作呢？同事们几番劝我，既然有时间来做内容，那拍拍视频、发表一点碎片化观点，岂不是更轻快吗？我理解他们的好意。新媒体时代，大家习惯了碎片化阅读，有多少人会拿起一本厚厚的书呢？如此投入，会不会错付真诚？

但我认为，无论是作为专业咨询机构的从业者，还是作为商业知识的内容生产者，我们始终应该有点情怀。如果仅仅向大众市场投喂讨喜的、轻快的"知识快餐""心灵鸡汤"，那自己的职业意义感会不会被消磨殆尽呢？我更相信，在这个充满高度不确定性的年代，太多的"特效药"已经让组织与人力资源领域的从业者越来越浮躁，并让企业付出了惨痛的代价，应该有系统的、犀利的观点来为大家正本清源。

作为女性，我不否认自己在做出创作本书的决策时有感性的成分，但我相信这种感性决策是美好的。理性让我们维持底线，融入秩序；而感性让我们拉高上限，脱离平庸。况且，如果没有这种躬身入局的勇气，我们穆胜咨询又何谈"观点推动商业实践"呢？

这本书能够付梓，并非是我一人的贡献。

首先，感谢穆胜咨询创始人、北京大学光华管理学院博士后穆胜先生。他带着极强的使命感，在互联网商业时代来临之初就创立了穆胜咨询。至今，穆胜咨询一路狂奔，已经成为行业中一颗耀眼的新星，不仅开拓出原创的"内容宇宙"，打造了人效管理、平台型组织和数字生态战略三个顶级 IP，还服务了诸多的标杆巨头企业，实实在在地引领了若干专业领域的实践潮流。没有穆胜先生搭建的这个事业平台，我很难自如地施展专业，也很难快速地沉淀认知，形成自己关于人才管理的一套系统观点。本书的创作也得到了他的鼎力支持，从研究项目立项到关键节点研讨，再到统稿呈现，最后到出版策划……每一步，他都会坦诚地给出意见、提供支持，他的参与让我对本书更有信心。不仅如此，我关于人才管理的观点也极大程度地受到了穆胜先生的启发和影响，书中也有多处对他的观点的引用。

其次，感谢穆胜咨询的同事们。研发、市场、售前、行政等部门以专业的工作表现，从不同方向支持了本书的创作和宣发。本书的呈现实际上是"众人拾柴火焰高"。

再次，感谢穆胜咨询的灯塔客户和朋友们。灯塔客户投入信任、支付对价，购买穆胜咨询的智力产品，让我们的观点能与实践发生化学反应，催生了我对于人才管理的种种思考。没有灯塔客户的信任，我们就没有验证观点的舞台，永远只能坐而论道。穆胜咨询长期服务互联网企业而结识的朋友们，更是对本书的写作起到了关键的作用。本书中诸多关于互联网企业的信息都来自这些朋友，正因为他们的不偏不倚、坦诚客观，我们才能获得珍贵的一手资料。也正因如此，在试读若干章节时，互联网业界的朋友们经常感叹："您好像是长在我们公司里的人。"

然后，感谢我的母校北京大学光华管理学院，这里数年系统、先进的商科教育为我打下了商业认知基础；也要感谢纽约大学 Stern 商学院为我提供了担任访问学者的机会，这段经历教会了我，只有向上生长才是永恒的命题，同时这座世界上最大的经济文化中心城市让我形成了国际视野，也看到了商业世界的种种可能。

在与中国人民大学出版社商业新知事业部牵手策划这本书时，我们就有一个共识——当下的经济寒冬可能会使部分希望破灭，但好的观点会如明灯、似火把。

最后，感谢我自己。循此苦旅，以达繁星。

2023 年 11 月

北京阅想时代文化发展有限责任公司为中国人民大学出版社有限公司下属的商业新知事业部，致力于经管类优秀出版物（外版书为主）的策划及出版，主要涉及经济管理、金融、投资理财、心理学、成功励志、生活等出版领域，下设"阅想·商业""阅想·财富""阅想·新知""阅想·心理""阅想·生活"以及"阅想·人文"等多条产品线，致力于为国内商业人士提供涵盖先进、前沿的管理理念和思想的专业类图书和趋势类图书，同时也为满足商业人士的内心诉求，打造一系列提倡心理和生活健康的心理学图书和生活管理类图书。

《幸福领导力：藏在故事中的管理智慧》

- 52个管理故事+16个思维认知模型+"一基五柱"幸福领导力结构框架，梳理提高职场幸福感的底层逻辑，探寻活出人生松弛感的管理智慧。
- 彭凯平、赵曙明倾情作序，众多知名专家、学者和企业家联袂推荐。

《企业的护城河：打造基业长青的竞争优势》

- 众多业内人士、专家、学者联袂推荐，揭示企业如何用宽广的护城河打造结构性竞争优势、实现长期主义的收益和基业长青的秘密。
- 两条护城河，一里一外，一明一暗，共同筑起企业的结构性竞争优势。外护城河能帮助企业建立起独特的竞争优势，从众多的竞争者中脱颖而出；内护城河能帮助企业有效实现价值获取和保护，持续获取稳定的收益。